TGV

UNE FABULEUSE ÉPOPÉE TECHNOLOGIQUE ET HUMAINE

E-T-A-I
SAS au capital de 57 029 328 €
RCS 806 420 360 NANTERRE
Antony Parc 2
10, place du Général-de-Gaulle
92160 Antony
Accueil : 01 77 92 92 92
Télécopie : 01 46 99 31 55
www.infopro-digital.fr
www.editions-etai.fr

Directeur de la publication : Julien Elmaleh
Mise en page : Marie Ringeard
Suivi éditorial : Oriane Gambatesa

Dépôt légal : juin 2021
Imprimé et relié en Europe
ISBN : 979-10-283-0462-1

Le groupe Infopro Digital, certifié ISO 14001, est engagé dans une démarche environnementale.
Cet ouvrage est imprimé en Union européenne sur un papier issu de forêts gérées durablement.

Achevé d'imprimer en mai 2021 sur les presses de FINIDR sous le numéro n°127060.

FSC www.fsc.org
MIXTE
Papier issu de sources responsables
FSC® C014138

TGV

40e ANNIVERSAIRE

UNE FABULEUSE ÉPOPÉE TECHNOLOGIQUE ET HUMAINE

Didier Janssoone

E.T.A.I

SOMMAIRE

AVERTISSEMENT DE L'AUTEUR 7

AVANT-PROPOS 8

PARTIE 1 - LA GENÈSE DU TGV 10

Le bilan de la Seconde Guerre mondiale 13
Les Trente Glorieuses et la SNCF 14
Les trains-drapeaux 21
L'idée d'un train à "grande vitesse" 22
Train de luxe ou populaire ?
Le TGV sera un train comme les autres 25
Les premières études : pourquoi Paris-Lyon ? 27

PARTIE 2 - LE TGV SUD-EST 28

Le réseau du Sud-Est-Méditerranée d'avant le TGV 30
L'ère du TGV et l'adaptation des méthodes d'exploitation 32
La tarification du TGV 34
La mise en service du tronçon Nord 36
L'esquisse d'un réseau TGV et l'amélioration des correspondances 37

PARTIE 3 - LE TGV ATLANTIQUE OU LA CROISIÈRE À 300 KM/H 38

Les réseaux Ouest et Sud-Ouest avant le TGV 40
À travers la Beauce : la construction de la LGV Paris-Tours/Le Mans 40
La modernisation des lignes classiques 47
Adieu Austerlitz... bonjour Montparnasse 47
Un nouveau système de réservation pour accompagner la grande vitesse 52

PARTIE 4 - LE TGV NORD ET L'EFFET RÉSEAU 54

Le réseau Nord avant le TGV 56
Le renouveau des gares et le projet Escale 56
Les barreaux d'interconnexion 59

PARTIE 5 - LES DÉVELOPPEMENTS RÉCENTS 62

Du TGV Sud-Est au TGV Med… le Sud à trois heures de Paris ! 64
Vers Strasbourg en deux étapes 65
Le TGV Rhin-Rhône 68
Après vingt-sept ans de TGV Atlantique… Rennes et Bordeaux à deux heures de Paris ! 68

PARTIE 6 - LES RAMES TGV : DE L'ORANGE AU CARMILLON 72

Les rames Sud-Est 74
Les rames Atlantique 74
Les rames réseau 74
Les rames duplex 74
Les rames POS 74
Le TGV du futur 75

PARTIE 7 - UNE INFRASTRUCTURE ADAPTÉE AUX GRANDES VITESSES 78

L'infrastructure ferroviaire 80
Comment changer de voie à grande vitesse ?
Les aiguillages à cœur mobile 80
Les raccordements pour desservir le cœur des villes 82
La propulsion des TGV : la chaîne de distribution du courant électrique 83

PARTIE 8 - DANS LES COULISSES DU TRAFIC TGV 88

La mise en circulation d'un TGV 90
Ils vous conduisent à bon port : conducteurs et ASCT 90
Ils veillent pour que tout se passe bien : aiguilleurs et régulateurs 92
Les hommes de l'ombre : la maintenance de l'infrastructure 97

PARTIE 9 - GRANDE VITESSE ET SÉCURITE FERROVIAIRE 100

Quelle signalisation pour le TGV Sud-Est ? 102
Où en sont les techniques de signalisation ferroviaire en 1970 ? 102
Comment le BAL détecte-t-il la présence des trains en ligne ? 102
Le cahier des charges de la signalisation embarquée du TGV 105
La TVM : le block automatique d'espacement pour les LGV 105
Le contrôle-commande de la signalisation en LGV 106
Demain : la signalisation européenne 110

PARTIE 10 - CONSIDÉRATIONS ÉCONOMIQUES SUR LE TGV ET LA GRANDE VITESSE 114

Le réseau TGV : le sauveur du rail en France 116
Le TGV : une occasion perdue pour redresser le fret 118
Le TGV : une occasion manquée pour certaines villes 120
La Poste et le TGV : le désamour 121
Demain, l'ouverture à la concurrence ? 122

ANNEXES 124

GLOSSAIRE DES TERMES TECHNIQUES 126

GLOSSAIRE 128

LE RÉSEAU DES LGV 137

BIBLIOGRAPHIE 138

REPÈRES CHRONOLOGIQUES 140

CRÉDITS PHOTOGRAPHIQUES 143

REMERCIEMENTS 143

Aux passionnés du train, à ceux qui ont voulu, conçu et mis en service le TGV en 1981. À ceux également qui, de près ou de loin, ont contribué à ce que ce projet majeur pour l'avenir de la SNCF ait pu se concrétiser. Ce n'était pas gagné d'avance, mais ils l'ont fait et ont permis de léguer un magnifique outil aux cheminots d'aujourd'hui...

Qu'ils en prennent soin et puissent-ils, pourquoi pas, lui donner un successeur !

AVERTISSEMENT DE L'AUTEUR

Le Train à Grande Vitesse a aujourd'hui quarante ans. Le bel âge, celui de la maturité !
Écrit par un spécialiste du transport ferroviaire, ce nouveau livre sur ce fabuleux train qui, voici quarante ans, a sauvé le rail d'une mort annoncée, se donne pour objectif d'offrir au lecteur une agréable et accessible synthèse de son histoire et sa technologie.
À qui s'adresse-t-il ? Il s'adresse, tout d'abord, au grand public et, bien entendu, aux curieux du transport ferroviaire et à tous les amoureux du train, car le TGV a bien été conçu comme un "vrai" train capable de déposer les voyageurs presque devant leur porte. Il s'adresse également aux étudiants de la filière ferroviaire désirant parfaire leur culture technique et, naturellement, aux professionnels du transport qui pourront ainsi parachever leurs connaissances sur le sujet.
Derrière cette remarquable réalisation technique, un homme, un expert passionné qui a piloté ce projet : Jean-Marie Metzler. Aidé d'une poignée de fidèles, techniciens mais aussi conducteurs d'essai, qui repousseront ensemble les limites du prototype thermique TGV 001 pour en tester les structures, de celui du TGS, prototype de Turbotrain destiné aux lignes classiques, et de l'automotrice Zébulon, spécialement conçue pour expérimenter les bogies et les moteurs électriques – depuis 1973 et la crise pétrolière, l'entreprise avait fait le choix d'un TGV électrique –, il mènera à bien ce projet capital pour le rail français.
Le TGV est ainsi le fruit d'un magnifique travail d'équipe effectué, d'une part, en bureau d'études et, de l'autre, sur le terrain lors de marches d'essai – dans la plaine d'Alsace et sur la longue ligne droite traversant les Landes –, travail qui a permis d'éprouver Patrick et Sophie, les deux rames de présérie. Sorties des chaînes d'Alsthom le 28 juillet 1978, elles serviront à effectuer les dernières mises au point avant de lancer la construction des quatre-vingt-sept autres rames articulées et insécables (autre innovation de ce TGV) du futur parc TGV de Paris-Sud-Est.
Vous connaissez la suite... Souvenez-nous, c'était le 27 septembre 1981, il y a longtemps déjà, la mise en service commercial du TGV sur le tronçon Sud de la nouvelle ligne entre Paris et Lyon marqua une rupture dans la vie de l'entreprise intégrée SNCF. Bien entendu, d'autres innovations étaient déjà venues témoigner de la compétence des cheminots – le Capitole circulait à 200 km/h –, mais celle-ci fut de taille : Paris n'était plus, par tous temps, qu'à deux heures quarante de Lyon-Brotteaux !
Excellente lecture !

AVANT-PROPOS

Nous sommes en 2021 et prendre le TGV est devenu, au fil des ans, un acte tout à fait banal de la vie quotidienne d'une Parisienne ou d'un Parisien... mais savent-ils qu'il a failli ne jamais voir le jour ? Georges Pompidou (président de la République depuis 1969) et Valéry Giscard d'Estaing (ministre des Finances) étaient plutôt contre et lui préféraient le projet d'Aérotrain conçu par Jean Bertin, un brillant ingénieur dont la société avait conçu en 1962 le Terraplane BC-4, premier aéroglisseur français pour le service transmanche entre Boulogne-sur-Mer/Calais et Douvres.

À cette époque des Trente Glorieuses, le train n'a plus la cote car il rappelle trop les années noires de l'Occupation… Revenons donc, quelques instants, quatre-vingts ans en arrière.

Nous sommes le 10 mai 1940 : la France, vaste empire de cent millions d'habitants sur lequel le soleil ne se couche jamais, va vivre les six semaines les plus tragiques de son histoire en anticipant mal l'attaque allemande. Après quelques succès en Belgique où elle a su tenir en échec les blindés allemands, son armée, considérée comme la première au monde, va de défaite en défaite jusqu'à l'armistice du 18 juin, sans jamais avoir été en mesure de redresser une situation pourtant bien moins désespérée qu'en 1914 où, *in extremis*, elle avait su profiter d'une erreur tactique des Allemands, arrivés en banlieue parisienne et prêts à lancer l'assaut sur Paris. L'armée française avait alors pu contre-attaquer sur la Marne et stabiliser le front.

Défaite, la France est en partie occupée jusqu'en 1942, puis totalement jusqu'en juin 1944. Les débarquements de Normandie et de Provence permettent aux Alliés de libérer une grande partie du territoire, mais la France reste sous la menace d'une vaste contre-attaque de l'armée allemande jusqu'en janvier 1945 où, malgré ses armes nouvelles comme les V2, elle échoue de peu à vaincre plusieurs divisions américaines dans les Ardennes.

La paix définitivement revenue le 8 mai 1945, la France entre progressivement dans la période dite des Trente Glorieuses. Très appauvrie, elle se met au travail pour tenter de retrouver son niveau de vie d'avant-guerre. C'est l'heure de la reconquête du bien-être, des vacances – les dernières dataient de l'été 1939 – et du modernisme des années 1960.

La France fourmille alors d'idées neuves, notamment pour développer les transports. Si les transatlantiques et son digne représentant, *le France*, étaient tombés en désuétude, il n'en serait pas de même pour le transport aérien ou la voiture individuelle. L'automobile a vraiment la cote chez les Français, très individualistes, et l'aviation les fait rêver. On va voir décoller les avions le dimanche à Orly et on se presse au salon de l'Auto voir les nouveaux modèles comme la DS, prêts à s'élancer sur les autoroutes en plein essor !

Et côté ferroviaire ? Le train semblait un peu écarté des plans de l'État… D'ailleurs, la SNCF, créée en 1938, se remettait difficilement de la guerre et travaillait dur pour remettre le réseau à niveau. Sauf sur le réseau Sud-Ouest électrifié avant la guerre, la locomotive à vapeur était encore reine dans bien des régions, mais les électrifications se succédèrent et les fils de contact aériens commencèrent à tisser leur toile (notamment sur le quart Nord-Est ainsi que sur l'artère Paris-Lyon).

Avait-elle des projets ? Assurément… La SNCF restait une entreprise très bureaucratique, mais très efficace. Et une poignée d'ingénieurs maison travaillaient dans l'ombre, avec bien peu de moyens pour concevoir de puissantes

locomotives électriques. Ils étaient d'ailleurs très performants, car ils battirent plusieurs records du monde, dont celui de vitesse acquis en 1955 dans les Landes, grâce à la célèbre CC 7107.
Cependant, un projet semblait avoir l'oreille de l'État et de certains dirigeants de la SNCF. S'il avait été concrétisé, il aurait figé la SNCF à l'ère du vert wagon et limité à coup sûr son usage à la banlieue parisienne et à quelques radiales : l'Aérotrain de l'ingénieur Bertin que certains experts prévoyaient de mettre en service entre La Défense et Orléans.
Il y avait péril en la demeure car ce projet avait la faveur de Georges Pompidou, élu président de la République en 1969. Dans la lignée du général de Gaulle auquel il avait succédé, il avait des idées de grandeur pour la "nouvelle" France d'après-guerre. Il avait même des visions très futuristes et voulait, par exemple, couvrir Paris de tours comme celle de Montparnasse et relier les grandes villes au moyen de cet Aérotrain atteignant la vitesse de 400 km/h dont on lui disait le plus grand bien.
Une poignée de dirigeants de la SNCF, fidèles au rail dont Jean-Marie Metzler, grand patron de la SNCF faisait partie, saurait relever le défi en concevant un TGV (Train à Grande Vitesse) prévu pour circuler à 260 km/h en vitesse commerciale, ainsi que son système de signalisation embarqué car, à cette vitesse, un mécanicien ne pouvait plus observer correctement les signaux latéraux. Ils décidèrent alors de présenter un contre-projet, celui du TGV, train à la fois classique et révolutionnaire qui aurait – à lui seul – le pouvoir miraculeux de contraindre la compagnie Air Inter à fermer des lignes aériennes…
L'acte de naissance officiel du Train à Grande Vitesse est ratifié en 1976, lorsque l'État, sous la signature de Raymond Barre, concéda à la SNCF la construction d'une ligne nouvelle entre Paris et Lyon. En 1976, la vapeur s'était éteinte définitivement, seulement deux ans auparavant. Qui dit ligne nouvelle dit possibilité de rouler plus vite qu'à 160 ou 200 km/h. Il faudrait donc mettre au point un engin moteur capable à la fois de circuler à grande vitesse, non seulement en vitesse de pointe, et de transporter des voyageurs de façon quotidienne ! Ce challenge (le projet secret C03) fut confié à Jean-Marie Metzler, un grand ingénieur maison de la SNCF.
La suite est connue… En 1981, les Lyonnais et les Parisiens découvrent avec plaisir leur nouveau "train de banlieue", moyen de transport révolutionnaire capable de les réunir à "grande vitesse" que beaucoup seront ravis d'essayer, d'autant qu'il semble abordable : le prix du billet est quasiment le même que celui d'un train classique empruntant l'artère impériale PLM.
La création progressive du réseau TGV Sud-Est – de 1983 à 1985 – suivie de toutes les mises en service successives de lignes nouvelles sauva ainsi définitivement le rail du déclin qu'on lui promettait et lui permit de reconquérir des parts de marché sur ses principaux concurrents : l'avion et l'automobile.
Le TGV est un train qui fonctionne à la perfection, mais dont on n'a pas su – ou certainement pas voulu – tirer parti de toutes ses possibilités commerciales. Contrairement à de nombreux avions de ligne, dont le célèbre Boeing 747, qui ont bénéficié d'une version cargo, il n'a jamais eu de vraie descendance adaptée au trafic marchandises. Fret-SNCF semblait s'y intéresser à ses débuts ; les PTT devenus la Poste l'ont longtemps utilisé pour transporter le courrier et les paquets entre Paris-Charolais, Lyon et Cavaillon, mais y ont renoncé il y a peu pour revenir au tout-avion et camion, et les rames ont terminé leur carrière d'une triste façon.

1
TGV 23071
Paris Sud Est 38

LA GENÈSE DU TGV

Au sortir de la guerre, la période 1945-1975 constitue les Trente Glorieuses de la SNCF. Celle-ci – qui s'en souvient aujourd'hui ? – devait remonter une terrible pente. En 1945, les trains de banlieue rappelaient certaines scènes que l'on peut visionner sur Internet avec des banlieusards voyageant, pour être certains de pouvoir rentrer chez eux, sur les marchepieds des trains. Trop de voyageurs pour trop peu de trains, faute de charbon à Paris-Nord, Paris-Est et Paris-Bastille et des automotrices ultracourtes sur les banlieues électriques des Invalides, de Montparnasse, d'Orsay, de Saint-Lazare ou de Sceaux, telle était la triste réalité en 1945. Dès l'arrivée aux affaires de Louis Armand, la SNCF accomplit des prouesses inégalées pour emmener les Français en vacances, ce dont ils avaient longtemps été privés. Malgré le peu de moyens dont elle disposait, elle est, par exemple, en mesure de mettre en service dès 1967 un train comme le Capitole circulant à 200 km/h. En 1974, la traction vapeur tire sa révérence, le train Corail réconcilie la France avec le train et, en grand secret, les études de la construction de la LGV Paris-Lyon débutent.
La suite est connue : quarante ans après la défaite, le TGV s'élance vers Lyon-Perrache à 260 km/h. Quel autre réseau pourrait en dire autant ? Formidable prouesse de la SNCF, de ses dirigeants choisis pour leur amour du rail et de deux générations de cheminots qui surent retrousser leurs manches !

Les voitures OCEM

Afin de diminuer les accidents meurtriers, les Réseaux (associés à la Compagnie des wagons-lits et l'administration postale) avaient fait renforcer leurs voitures en bois par la technique dite de "métallisation" et passé commande, dès 1920, à l'industrie privée de trois mille voitures neuves (fourgons et allèges postales) standardisées aux normes OCEM (Office central d'études de matériel de chemins de fer). Livrées par tranches jusqu'en 1939, sous différents types, versions et couleurs selon la compagnie propriétaire, beaucoup circulèrent jusqu'en 1987 et les allèges postales jusqu'en 2002.

Les ateliers du Landy (Réseau du Nord) dans les années 1970. On aperçoit une confortable voiture OCEM de 1re classe en fin de carrière. Sur sa gauche, le soufflet d'intercirculation d'une voiture DEV livrée dans les années 1950 est bien visible. © Collection Didier Janssoone (photo) et Jean-Pierre Rigouard (carte postale)

Le bilan de la Seconde Guerre mondiale

Quand, le 8 mai 1945, la guerre prit officiellement fin, quel était le bilan de la SNCF ?

- 3 000 km de voies principales et 1 800 km de voies de service étaient détruits ;
- 14 000 appareils de voie (d'aiguillage principalement) étaient hors d'usage ;
- 3 200 ouvrages d'art étaient détruits ou endommagés, générant 150 km de brèches (2 603 ponts-rails, 70 souterrains, 530 passages supérieurs) ;
- 120 grandes gares sur 330 étaient gravement touchées ;
- 655 postes d'aiguillage étaient détruits ou endommagés.

Si, en 1940, la guerre avait été courte et relativement peu destructrice, les combats de la Libération le seront beaucoup plus et le réseau sera très touché. Une fois les évaluations faites, la nécessité de reconstruire gares et postes d'aiguillage obligera la "jeune" SNCF, créée le 1er janvier 1938, à repousser les investissements prévus avant la guerre, dont l'électrification Paris-Lyon.

La France mettra du temps à se relever et la SNCF ne retrouvera vraiment ses performances d'avant-guerre que vers 1960, une fois mises en service de nouvelles voitures et les électrifications relancées.

La gare de Biarritz-Ville que l'on découvre ici en 1940, lors de la prise de la ville par l'armée allemande, sera "ratée" de peu par l'aviation anglo-américaine le 24 mars 1944 arrivée par la mer pour détruire l'aérodrome de Parme. Visant l'objectif selon sa tactique habituelle d'arrosage à haute altitude, elle le manqua et fit de très nombreuses victimes en ville. Le centre-ville de Biarritz sera très touché, comme le sera la gare des Aubrais, près d'Orléans, pilonnée par l'aviation les 20 et 23 mai 1944. Un nouveau bâtiment voyageur sera inauguré en 1961. © Collection Didier Janssoone

Les Trente Glorieuses et la SNCF

Dès 1945, la guerre finie, la SNCF va se moderniser de façon continue jusqu'en 1975.
À l'aube des années 1950, où en était l'intégration des Réseaux ferroviaires privés – aux techniques d'exploitation ferroviaire très disparates – nationalisés en 1938 ? Au sortir de la guerre, période sombre qui avait provoqué la mise en sommeil d'un certain nombre de projets, l'ère nouvelle qui s'ouvre sous la direction de son nouveau patron – Louis Armand (un pur cheminot issu de la Compagnie du PLM et des débuts de la SNCF) – verra un renouveau profond des techniques d'exploitation ferroviaire : l'uniformisation des méthodes d'exploitation et l'apparition de systèmes de sécurité innovants venant accompagner l'électrification et l'élévation des vitesses, car pour ce grand dirigeant, la vapeur devait définitivement céder la place aux locomotives électriques et thermiques... promesse qui sera tenue car la dernière locomotive à vapeur cessera son service en 1975 !
Sous son impulsion, de grands travaux seront entrepris permettant de relever progressivement la vitesse des trains de 130 à 160 km/h et d'ouvrir la voie aux futures grandes vitesses (le 200 km/h entre Etampes et Vierzon, dès 1967) en battant le record du monde de vitesse sur rail dans les Landes, dont les longues lignes droites permettaient de tels exploits...
La qualité de la voie, notamment, fut améliorée par l'utilisation des longs rails soudés, faisant disparaître par endroits le bruit si caractéristique des roues passant régulièrement sur les éclisses. Sa pose, nécessitant beaucoup d'hommes d'équipe, fut mécanisée par l'emploi de curieuses machines de pose des rails.
Après la voie, la signalisation. Rouler de plus en plus vite nécessitait une refonte presque totale de celle-ci et son "découpage" en zones électriques de détection continue et automatique des convois. Cette méthode était connue depuis les années 1920 – c'était celle du block automatique lumineux d'espacement des trains, permettant aux trains de se suivre à vitesse élevée sans intervention humaine – mais sa mise en œuvre était coûteuse et ne se justifiait que sur des lignes

La paisible gare de bifurcation d'Auneau-Embranchement située en pleine Beauce – sur la ligne Paris-Tours (via Vendôme) – à l'aube des années 1950. On aperçoit sur la droite une prise d'eau pour alimenter les locomotives à vapeur des trains de voyageurs et de marchandises. Entre 1986 et 1989, cette gare vivra les grandes heures du TGV Atlantique en étant utilisée comme base travaux.
© Collection Didier Janssoone

très chargées comme Paris-Marseille. Un axe pourtant plus rectiligne comme Paris-Hendaye, électrifié en totalité depuis 1938, n'était nullement saturé et les antiques systèmes d'espacement comme les blocks Lartigue (entre Tours et Bordeaux) et Paul & Ducousso (dans les Landes) suffisaient largement à écouler le trafic.

Côté traction, même si les nouvelles machines venues des États-Unis – les Mikado 141 R qui circuleront jusqu'en 1974 – viendront renforcer un parc amoindri par les années de guerre, la vapeur cédera peu à peu sa place aux puissantes locomotives électriques et thermiques, mais imposant une importante reconversion aux cheminots de la filière conduite.

Moderniser la voie et le mode de traction, c'est bien… faire revenir les voyageurs dans les trains, c'est mieux ! Dans les années 1950, cela passait par le confort… Ainsi la SNCF et le gouvernement prirent une heureuse décision : celle de supprimer la 3e classe à compter du 11 octobre 1955 (lors de la mise en service des nouvelles voitures à air conditionné du Mistral). Cela ne fera pas disparaître la moleskine pour autant, puisqu'elle deviendra la norme de la 2e classe en places assises et couchées. Si le confort était redevenu primordial afin d'effectuer un agréable voyage, les Français apprécieront également qu'on leur donne l'idée (ou l'occasion) de prendre le train pour partir en vacances… et le nouveau TAC sera une bonne idée pour amener les automobilistes à se tourner vers le rail !

Si sur la voie, la mécanisation de l'entretien va se généraliser, le modernisme gagnera également les gares, dont certaines seront reconstruites. Quant aux gares de marchandises, elles seront modernisées et adaptées à de nouveaux types de trafics et conditionnements (containers, palettes, remorques rail-route). Les passages à niveau vont également évoluer. Aux barrières mécaniques, manœuvrées manuellement par une garde-barrière responsable de leur bon fonctionnement, se substitueront peu à peu des passages à niveau automatiques. Outre qu'ils supprimeront le travail astreignant et rigoureux qu'est le gardiennage, ils permettront de réduire la durée de fermeture des barrières et, ainsi, d'accroître la fluidité de la circulation routière… sans mettre en jeu la sécurité.

Enfin, on lancera l'électrification de l'impériale Paris-Lyon… repoussée de dix ans à cause de la guerre. Un gros effort d'équipement sera donc lancé sur cet axe majeur dont certaines gares bénéficieront d'un nouveau type de poste d'aiguillage – le PRS – facilitant le travail des aiguilleurs. Le principe était d'une simplicité enfantine : un seul geste pour tracer un itinéraire. Il suffisait juste d'appuyer sur un bouton… une révolution !

Vers 1950, la gare de Bordeaux-St-Jean – électrifiée et équipée de signaux lumineux – reste à la pointe du modernisme en matière d'exploitation ferroviaire. En attendant les TGV, elle verra bientôt circuler les nouveaux TAC se dirigeant vers Biarritz-Ville.
© Collection Jean-Pierre Rigouard (photo) et Didier Janssoone (publicités)

GABY

Gravement endommagée par la RAF (Royal Air Force) la nuit du 12 au 13 juin 1944, la gare de Poitiers sera rapidement reconstruite. Vers 1950, le parc de voitures-voyageurs reste très appauvri par les années de guerre et comporte encore de nombreuses voitures construites avant 1918 (que du fait d'un manque criant de matériel, la SNCF sera obligée de maintenir en service). À partir de 1955, tout ira mieux, les livraisons de voitures neuves – ainsi que le renouvellement des voies et l'usage progressif de la nouvelle "barre-longue" sans éclisses – permettront aux Français de voyager plus confortablement et, surtout, beaucoup plus vite qu'en 1939.
© Collection Didier Janssoone

Les cheminots des années 1950 pourront légitimement être fiers d'avoir remis le réseau de la SNCF en état de marche. Malgré les nouvelles guerres en cours (Indochine, puis l'Algérie), place maintenant au plaisir du voyage en chemin de fer ! Tout une série d'innovations commerciales – projetées dès 1939 – verront enfin le jour. Celles-ci auront pour objectif de remettre la France en train : le train auto-couchettes que nous avons découvert, mais aussi les cartes de réduction ou les abonnements "libre-circulation" sur une ligne précise choisie par le voyageur, voire même… l'ensemble du réseau de la SNCF. © Collection Didier Janssoone

BON VOYAGE
SNCF
AVRIL 1957

LE TRAIN
rapide
exact
confortable
SNCF
EST LE MOYEN
le plus pratique
DE VOYAGER
Photos : Decaux, Porcher.
S.N.C.F. N. 024-1954
R. C. Seine 276-448 B
PRINTED IN FRANCE
IMP. CHAIX. — 899-3-54.

Après la sobriété publicitaire des années 1950, place aux années 1960 : les années bonheur ! Vingt-ans après la "débâcle" totale de la "Grande Nation arrogante" face à l'armée allemande (la citation est d'Adolphe Hitler), la France Gaullienne est redevenue la grande puissance qu'elle était jusqu'en 1940. Si les publicités de la SNCF illustrent ce renouveau avec de belles couleurs, sur les rails la situation reste plus mitigée. Hormis en banlieue parisienne où des automotrices neuves en acier inoxydable sont mises progressivement en service, la composition de nombreux trains de grandes-lignes reste composite, associant locomotive de 1925 et voitures de différentes générations aux couleurs "vert-wagon".
© Collection Didier Janssoone

Page suivante : Les voitures DEV en acier inoxydable – aptes à 160 km/h –, livrées par tranches entre 1957 et 1973, circuleront jusqu'en 1997 après avoir été réaménagées en voitures de 2e classe.
© Collection Didier Janssoone

Les trains-drapeaux

Dès 1948, les toutes premières voitures unifiées SNCF, issues des études de la DEV (Division des études des voitures) sortent d'usine, complétées par une importante série de voitures en acier inoxydable qui viennent renforcer le parc mal entretenu ou déplacé pendant la guerre.

Les voitures DEV inox entrent notamment dans la composition des "trains-drapeaux" mis en service dans les années 1960, trains de prestige (généralement des rapides) comme :

- Le Stanislas et le Kléber (Paris-Nancy-Strasbourg) ;
- Le Lys de France (Paris-Lille) ;
- L'Albatros (Paris - Le Havre) ;
- Le Nantais (Paris-Nantes) ;
- Le Drapeau (Paris-Bordeaux) ;
- Le Pyrénées-Express (Paris-Tarbes) ;
- Le Lyonnais (Paris-Lyon) ;
- Le Paris - Côte d'Azur (Paris-Vintimille) ;
- Le Bourbonnais (Paris - Clermont-Ferrand ;
- Le Thermal (Paris - Le Mont-Dore).

D'autres voitures sorties d'usine à partir de 1968 – les voitures UIC, construites aux normes ferroviaires internationales – permettent de retirer définitivement du service les voitures OCEM de 1939 et resteront la voiture phare de la SNCF jusqu'à l'arrivée des Corail. Elles permettront notamment de composer de façon homogène les trains de 6 h 45 (partant simultanément de Paris et des villes de province), créés en 1972 pour concurrencer les avions matinaux d'Air Inter.

Cette voiture entre également dans la composition de nombreux trains internationaux. Pour être admise à circuler à l'étranger, une voiture doit être du type UIC (ou mise aux normes UIC dans le cas d'une voiture DEV de 1948), mais ce n'est pas tout : elle doit satisfaire également aux normes du RIC (Regolamento internazionale delle carrozze), un accord sur l'échange et l'emploi des voitures en trafic international.

Le cahier des charges d'une voiture UIC

Pour être certifiée aux normes UIC, une voiture devait satisfaire à quatre critères : l'intercirculation (entre deux voitures) devait être constituée de bourrelets en caoutchouc, et non plus sous forme de soufflets comme en 1940 ; les quatre portières devaient être à un, voire deux battants articulés (la fermeture automatique et le verrouillage ne seraient imposés que beaucoup plus tard) ; le système électrique de chauffage devait être unifié pour permettre de raccorder électriquement deux voitures d'une administration différente ; une voiture devait pouvoir être dépannée à l'étranger. Sa technologie devait donc être maîtrisée par tous les ateliers européens (d'Europe de l'Ouest, mais aussi d'Europe de l'Est, derrière le rideau de fer, puisque les voitures faisaient régulièrement des allers et retours Paris-Berlin ou Paris-Bucarest).

L'idée d'un train à "grande vitesse"

Au début des années 1970, le réseau évolue peu à peu, c'est la grande époque de la modernisation des plans de voies et des compléments d'électrification, sans cesse repoussés. De nombreux trains roulent maintenant à 160, voire à 200 km/h, comme les TEE Capitole ou Aquitaine, mais aussi de nombreux trains classiques comme ceux de 6 h 45 s'élançant du lundi au vendredi vers Bordeaux, Lille ou Lyon.
D'abord composés du matériel UIC, ils sont ensuite composés de voitures Corail, la célèbre voiture climatisée qui réconciliera définitivement les Français avec le train.
En mai 1975, la SNCF lance la voiture Corail, et les premiers trains Corail en provenance de Bordeaux-Saint-Jean font leur entrée à Paris-Austerlitz. Quatre mille voitures Corail, dont beaucoup encore en circulation, sont produites en série jusqu'en 1984. Elles sont déclinées en plusieurs modèles, à compartiments ou à couloir central, en places assises ou couchées de 1re et 2e classe, en voitures-bars et en fourgons à bagages. C'est le plus gros contrat jamais signé par l'industrie ferroviaire française avec la SNCF.
Pourquoi Corail ? Contraction de COnfort-RAIL, ce nom, facile à mémoriser, fait rapidement le succès de ces voitures climatisées, dotées d'une suspension souple et de portières à fermeture automatique de teinte... corail. Habitués au vert wagon et aux voitures d'avant-guerre de la SNCF, les voyageurs sont séduits par cette nouvelle et agréable façon de voyager en chemin de fer. Leur triomphe est dû, pour une grande part, à leur livrée résolument novatrice, œuvre conjointe du designer Roger Tallon et des équipes marketing des directions commerciale et matériel de la SNCF.
Cependant, dans l'esprit de certains dirigeants visionnaires de la SNCF, le Corail – indispensable pour que la SNCF survive aux assauts de la concurrence – ne devait être qu'une étape dans sa stratégie futuriste. Ses trains devaient encore évoluer, aller plus loin et, surtout, beaucoup plus vite. Aussi l'idée d'un train à "grande vitesse" était-elle en train de germer dans leur esprit.

Sur tout le réseau de la SNCF, les années 1975-1995 seront les belles années du train Corail. Ouvrant la voie au futur TGV, il remettra définitivement les français dans les trains, tout simplement séduits et heureux de voyager confortablement dans ce nouveau matériel tracté par de nouvelles et puissantes locomotives comme la CC 6500, capable de "tirer" un train de marchandises à 100 km/h comme un train de voyageurs à 200 km/h.
© Collection Didier Janssoone

1986 : la célèbre verrière MIDI de la gare de Bordeaux-St-Jean n'abrite encore que les nombreux trains Corail circulant vers Irun, Paris-Austerlitz, Nantes ou Nice-Ville.
© Collection Didier Janssoone

Les années 1970 verront également l'apogée des trains de luxe – très en vogue jusqu'en 1939 – sur le réseau de la SNCF. Après les trains "drapeaux", les TEE (Trans-Europ-Express) sillonneront l'Europe en paix et la France en proposant de très belles relations aux voyageurs désirant s'offrir un voyage en voiture grand-confort (moyennant le prix d'un billet de 1ère classe avec supplément TEE). L' "Aquitaine" – que nous voyons passer à Poitiers – sera un ces trains et permettra d'effectuer le trajet Paris-Bordeaux en 3 heures et 50 minutes (à comparer au futur temps de trajet du TGV Atlantique qui était de 2 heures et 58 minutes en 1990).
© Collection Didier Janssoone

Train de luxe ou populaire ?
Le TGV sera un train comme les autres

Cette époque a clairement fait la transition entre le chemin de fer "moderne" et l'"ancien". En effet, en seulement quelques années, la SNCF a effectué une série de prouesses toutes inégalées jusqu'à aujourd'hui : elle a modernisé ses voies et les a électrifiées ; elle a aussi investi dans l'avenir en renouvelant totalement son parc de voitures pour séduire à nouveau les familles et les jeunes avec un calendrier tricolore et, surtout, en lançant le train Corail.
Il est donc hors de question de réserver le futur TGV aux hommes d'affaires. Le TGV sera comme un TEE, confortable et rapide, mais cette fois ouvert à toutes les clientèles du rail ! Cette formule courte et percutante résume parfaitement la politique commerciale de la SNCF à une époque marquée par le retour des voyageurs dans les trains.

Ouvert à tous, le TGV devra aussi rester un train capable de desservir n'importe quelle gare de France. Ce ne sera donc pas un Aérotrain ayant besoin d'une infrastructure spéciale. Comme une voiture, il devra presque faire du "porte-à-porte", c'est-à-dire partir d'une grande gare parisienne, emprunter une voie rapide, puis en sortir pour pouvoir de nouveau circuler sur le réseau classique et déposer ses voyageurs en ville.
Du point de vue technologie ferroviaire, ce sera donc un train classique au gabarit ordinaire, pouvant aisément circuler sur l'infrastructure existante et traverser le moindre tunnel à voie unique. C'est pour cela que l'idée du train thermique (n'ayant pas besoin d'électricité pour se mouvoir) s'est imposée au début du projet. Cependant, la crise pétrolière de 1973 oblige la SNCF à changer son fusil d'épaule : le TGV est devenu électrique par la force des choses, mais pour son plus grand bien, car les turbines à gaz ressemblant à celles des rames ETG et RTG étaient excessivement bruyantes.

Comme nous venons de le voir, afin de compléter les dessertes Corail sur certaines lignes non électrifiées, les années 1970 – au pétrole bon marché jusqu'en 1973 – verront l'émergence des ETG (Eléments à Turbine à Gaz) mi-trains, mi… hélicoptère ou avion (question bruit, tant il était éprouvant sur les quais, associé à l'odeur du carburant). Ces "Turbotrains" étaient destinés à desservir les lignes non électrifiées à 160 km/h. Exportés également en Iran et aux États-Unis, ils auront un grand succès, mais la crise pétrolière changera la donne et ces curieux trains (hormis les rames RTG de seconde série plus puissantes et confortables – avec service de restauration – spécialement destinées aux lignes transversales nécessitant de nombreux rebroussements, comme Lyon-Bordeaux) n'auront pas la descendance qui leur était promise lors des premières études concernant la future ligne à grande vitesse : le TGV dans une version "thermique". © Collection Didier Janssoone

Les premières études : pourquoi Paris-Lyon ?

Le choix des concepteurs se porte alors sur un axe plutôt saturé et emblématique comme Paris-Lyon qui avait été modernisé dans les années 1950, mais dont le profil ne permettait pas une accélération substantielle des trains.

Il faut donc faire du neuf et construire une ligne nouvelle en ligne droite, ce qui permettrait d'envisager un trajet en deux heures jusqu'à la capitale des Gaules, étant entendu que les rames poursuivraient leur route vers les Alpes et le Midi de la France, faisant gagner du temps aux vacanciers d'été et des sports d'hiver.

Pour des raisons budgétaires, celle-ci sera construite en deux tronçons, eux-mêmes subdivisés en "lots travaux" :

- LGV Saint-Florentin - Sathonay-Camp (prévu pour être mis en service commercial au service d'été de mai 1981).
- LGV Combs-la-Ville - Saint-Florentin (prévu pour être mis en service commercial au service d'été de mai 1983).

LA SNCF

en 1980

AVRIL 1981

2

LE TGV SUD-EST

Le 27 septembre 1981, la mise en service commercial du TGV sur le tronçon Sud de la ligne nouvelle entre Paris et Lyon marqua une rupture dans la vie de l'entreprise intégrée SNCF. Bien entendu, d'autres innovations étaient déjà venues témoigner de la compétence des cheminots – le Capitole TEE circulait à 200 km/h –, mais celle-ci était de taille : Paris n'était plus, par tous temps, qu'à deux heures quarante de Lyon-Brotteaux, en attendant la mise en service de la nouvelle gare de Lyon-Part-Dieu dans le quartier d'affaires.

Ainsi, en quelques quarante années, et bien des obstacles volontaires ou involontaires, les ingénieurs de la SNCF avaient réussi le "prodige" de substituer le Train à Grande Vitesse au train à vapeur ! Bien entendu, cette innovation majeure sonna le réveil du rail et le glas d'Air Inter sur la liaison Orly-Lyon-Bron et permit au chemin de fer d'entrevoir la possibilité de redevenir le moyen de transport favori des Français, branché comme on dit aujourd'hui, qu'il avait cessé d'être depuis qu'ils avaient découvert la DS et les autoroutes.

Le réseau du Sud-Est - Méditerranée d'avant le TGV

Vers 1830 sont fondés les chemins de fer. Encouragés par la loi Legrand du 11 juin 1842, destinée à favoriser la création d'un réseau "en étoile" partant de Paris, les investisseurs et les bâtisseurs se donnent la main pour couvrir la France de rails de chemin de fer.

La Compagnie des chemins de fer de Paris à Lyon et à la Méditerranée (PLM), créée en 1857, relie Paris aux Alpes, à la Côte d'Azur et l'Algérie (*via* un transfert maritime), constituant un des plus gros réseaux de chemins de fer en France.

Sous le Second Empire (1852-1870), elle connaît un prodigieux essor lié au développement économique voulu par Napoléon III. Cet essor est d'ailleurs, une nouvelle fois,

Publicité SNCF de 1939. © Collection Didier Janssoone

encouragé par un État souhaitant que chaque chef-lieu de canton puisse bénéficier du train, puisqu'il fera voter, sur proposition du ministre des Travaux publics, Charles de Freycinet, la loi du 17 juillet 1879 prévoyant la construction par les grandes compagnies de 9 000 km de lignes nouvelles à voie normale (le plan Freycinet), puis celle du 11 juin 1880 sur les chemins de fer d'intérêt local dits "secondaires", généralement à voie étroite.

La nationalisation des chemins de fer votée par le gouvernement du Front populaire transforme ensuite le PLM en Région SNCF du Sud-Est au 1er janvier 1938. Les nouveaux dirigeants décident alors d'électrifier l'artère principale – impériale – du réseau allant de Paris à Lyon et Marseille. Les travaux devaient débuter en 1942, mais la guerre en décida autrement…

Une fois la guerre finie, les travaux d'électrification pourront enfin être lancés dès juin 1946. Comme pour toute électrification, de nombreux travaux préliminaires seront nécessaires : amélioration du plan de voie dans de nombreuses gares, mise au gabarit des ponts et des tunnels, fusion de nombreux postes d'aiguillage et amélioration de la signalisation.

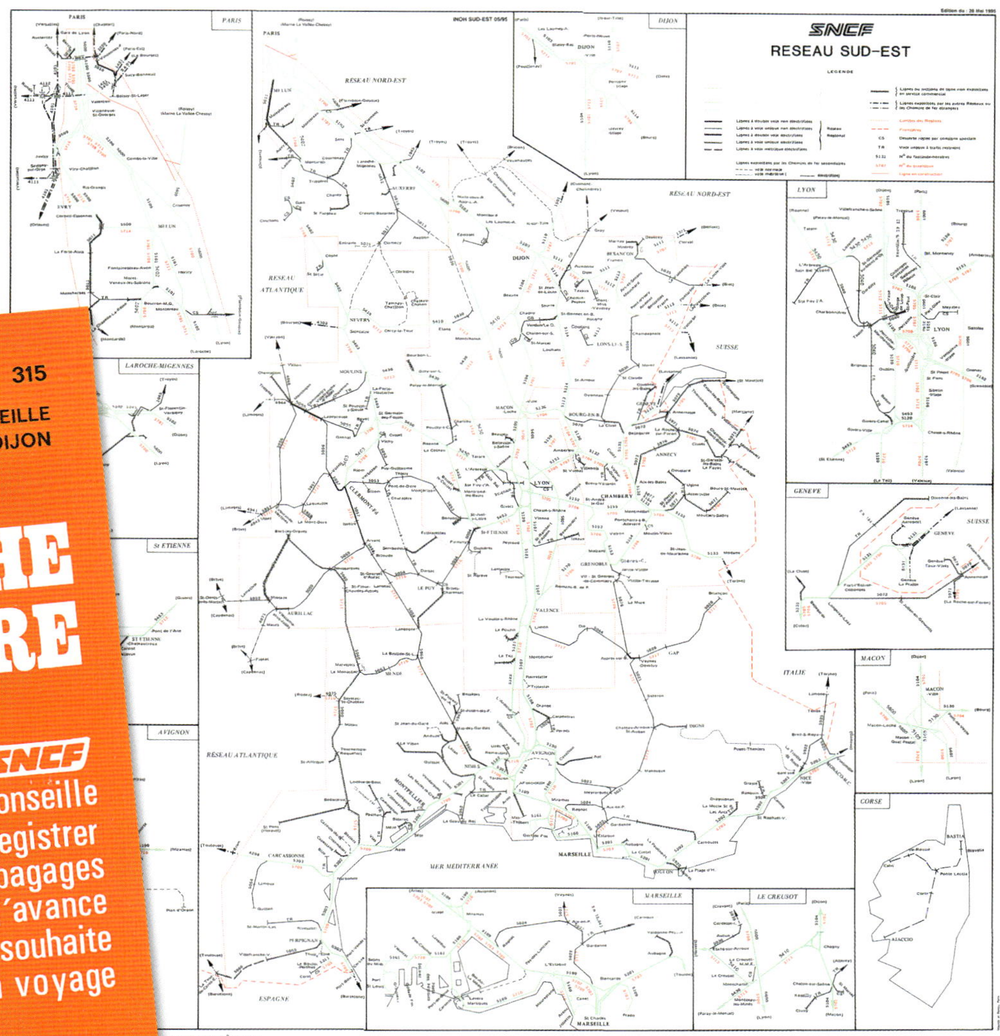

Le réseau Sud-Est hérité du PLM (allant de Paris à Alger) est particulièrement impressionnant par ses dimensions.
© Collection Didier Janssoone

L'ère du TGV et l'adaptation des méthodes d'exploitation

Ne nous y trompons pas… Si le TGV a pu voir le jour et peut actuellement rouler à 320 km/h, c'est en grande partie grâce aux dirigeants de la SNCF des années 1950 à 1980, ayant su moderniser le rail, souvent en toute modestie personnelle – comme Paul Gentil (directeur général de 1974 à 1985) ou Jean Dupuy (directeur général de 1985 à 1987) –, le tout dans l'extrême discrétion du très feutré numéro 88 de la rue Saint-Lazare, l'ancien siège de la SNCF.

Grâce aux efforts consentis par ces dirigeants visionnaires, le rail retrouva peu à peu le niveau de trafic qu'il avait atteint en 1938 et se paya même le luxe d'inventer le TGV qui allait révolutionner la façon de composer un train sur le vaste Réseau Sud-Est.

Jusqu'au début des années 1980, un train de voyageurs (Rapide ou Express) était essentiellement constitué d'une locomotive tractant des voitures de 1re et 2e classes (à places assises ou couchées), très souvent une ou plusieurs voitures-lits ainsi qu'une voiture-restaurant (un WR de la CIWLT, puis un Gril-Express), des fourgons à bagages ainsi que des allèges postales des PTT. Composer quotidiennement de tels trains nécessitait une organisation éprouvée et nécessairement complexe, car ils pouvaient être “à tranches” et avoir plusieurs destinations géographiques. Exploiter le TGV était beaucoup plus simple et efficace : les rames étaient indéformables et on pouvait même les raccorder deux par deux pour faire un convoi en UM Lyon-Perrache/ Saint-Étienne ou Marseille/Montpellier.

La modernisation de l'artère PLM

Au sortir de la Seconde Guerre mondiale, où en était l'artère PLM ?
Très en retard du fait de la guerre, mais aussi des choix faits par ses dirigeants dans les années 1920. Incités par l'État à électrifier leurs lignes afin de moins dépendre du charbon, seuls trois réseaux (le PO, le MIDI dès 1924, puis l'ÉTAT en 1937) avaient opté pour une caténaire aérienne développée aux États-Unis, distribuant l'énergie électrique à l'aide d'un fil de contact aérien sur lequel venaient “frotter” un ou plusieurs pantographes, sorte de bras articulé. Le PO et le MIDI vont alors énormément investir dans cette nouvelle technologie de caténaire aérienne 1 500 V, au point que la nouvelle Région Sud-Ouest de la SNCF pourra inaugurer la continuité de la traction électrique entre Paris et Hendaye dès 1938.
Concernant la ligne Paris-Marseille (et, plus généralement, sur toute la Région SNCF du Sud-Est), si la fluidification du trafic avait été rendue possible par le développement des signaux lumineux et du block automatique sur de nombreux tronçons, la traction vapeur limitait alors les performances des Rapides et des Express à grand parcours.
Les électrifications, en sommeil depuis 1943 (mise en service de Brive-Montauban), reprirent peu à peu. Si 1944 avait été une année de réparations sommaires, 1945 et 1946 verraient le lancement des travaux d'électrification de la partie Sud de la grande ceinture parisienne, de la ligne Sète-Nîmes et de l'axe PLM, planifiés pendant l'Occupation.
Celles-ci se firent en 1500 V courant continu, mais c'était les dernières à être effectuées dans cette technologie car un système plus performant et économique en installations fixes serait prévu pour les futures électrifications (Nord, Est, Ouest et Côte d'Azur) : le 25 kV - 50 Hz.
Entre 1955 et 1963, sur 600 km de lignes du nord-est de la France, une caténaire bien plus légère et économique que celle de l'axe PLM fut déroulée. Ces régions SNCF découvrirent les bienfaits de l'électrification, tout en bénéficiant des recherches des électrotechniciens de la SNCF en matière d'électricité industrielle.

Dans les années 1940, la gare de Sathonay-Camp est encore une paisible gare au style très PLM. Dès 1981, les TGV sortant de la ligne nouvelle y passeront sans arrêt avant d'arriver à Lyon-Part-Dieu. © Collection Jean-Pierre Rigouard

La réserve de "plaques" de destination du chantier de formation des trains de Paris-Masséna. Jusqu'à la mise en service du TGV Atlantique, il fut un haut lieu de la formation des trains à "tranches" circulant sur le Réseau Sud-Ouest (et se scindant ou se raccordant à Brive, Dax, Limoges, Narbonne, Poitiers, Toulouse et Vierzon). © Collection Didier Janssoone

Un train Rapide Corail parti de Paris-Austerlitz va traverser à toute vitesse la gare de Choisy-le-Roi équipée de caténaire depuis 1926. Comme beaucoup de trains de cette époque, il transporte – rapidement et écologiquement – bagages, vélos et journaux dans le fourgon de tête. © Collection Didier Janssoone

Retrouvons maintenant le Réseau Sud-Est où l'électrification est arrivée plus tardivement. Près de Villeneuve Saint-Georges se croisent un train de nuit et un train de banlieue. © Collection Didier Janssoone

La tarification du TGV

“Le 260 km/h au prix du 160 km/h”, comme l’énonçait le célèbre slogan publicitaire de l’époque, signifiait l’arrivée de la très grande vitesse en service commercial et, surtout, sa démocratisation par la création de rames mixtes, 1re et 2e classe, accessibles à tous sans tarification spéciale, ce que ne permettaient ni les trains-drapeaux des années 1960 ni les trains de prestige du réseau comme le Mistral.

Connu depuis 1934, relancé par la direction commerciale de la SNCF lors de mise en service du train Corail et généralisé en 1978 lors de la suppression du contrôle d’accès aux quais (et du fameux “ticket de quai” vendu 1 Franc alors en vigueur à la SNCF), un “Guide pratique du voyageur TGV” sera édité en 1981 à l’occasion de la mise en service du TGV orange cher à Jacques Cooper, designer “Maison” chez Alsthom, qui en dessina les formes. © Didier Janssoone

Photo en bas à droite : Nous sommes en 1946, après la réorganisation du plan de voie, la mue du vaste secteur ferroviaire de Laroche-Migennes continue par l’apparition des tous premiers poteaux-caténaires. © Collection Jean-Pierre Rigouard

Les étapes de l’électrification des lignes principales en 1 500 V

Paris-Orsay - Les Aubrais - Toulouse-Matabiau - Port-Bou-Frontière) :

1927 : Paris-Orsay - Paris-Austerlitz (PO)
1926 : Paris-Austerlitz - Juvisy-sur-Orge (PO)
1925 : Juvisy-sur-Orge - Étampes (PO)
1926 : Étampes - Les Aubrais (Orléans) - Vierzon-Ville (PO)
1935 : Vierzon - Brive-la-Gaillarde (PO-Midi)
1943 : Brive-la-Gaillarde - Montauban-Ville-Bourbon
1935 : Montauban - Toulouse-Matabiau (PO-MIDI)
1935 : Toulouse-Narbonne (PO-MIDI)
1981 : Narbonne-Elne
1982 : Elne-Port-Bou

Les Aubrais - Bordeaux - Irun-Frontière :

1933 : Les Aubrais - Saint-Pierre-des-Corps (PO)
1938 : Saint-Pierre-des-Corps - Bordeaux-Saint-Jean
1927 : Bordeaux-Dax (MIDI)
1926 : Dax-Hendaye (MIDI)
1929 : Hendaye-Irun (MIDI)

Transversale Bordeaux/Bayonne - Toulouse - Marseille :

1930 : Bifurcation de Bayonne-Mousserolles - Puyoô (MIDI)
1925 : Puyoô-Pau (MIDI)
1922 : Pau-Tarbes (MIDI)
1923 : Tarbes-Montréjeau (MIDI)
1924 : Montréjeau-Toulouse (MIDI)
1980 : Bordeaux-Montauban
1935 : Toulouse-Sète (PO-MIDI)
1947 : Sète-Nîmes
1960 : Nîmes-Tarascon
1961 : Tarascon-Miramas
1962 : Miramas - Marseille-Saint-Charles

Paris-Montparnasse vers Rennes :

1937 : Paris-Montparnasse - Le Mans (ÉTAT)

Paris-Lyon - Marseille :

1949 : Laroche-Migennes - Dijon
1950 : Paris - Laroche-Migennes
1952 : Dijon - Lyon-Guillotière (via les Brotteaux et Perrache)
1954 : Lyon-Guillotière - Chasse-sur-Rhône
1958 : Chasse-sur-Rhône - Loriol
1959 : Loriol-Avignon
1960 : Avignon-Tarascon
1961 : Tarascon-Miramas
1962 : Miramas - Marseille-Blancarde

Les différents trains à indicateur

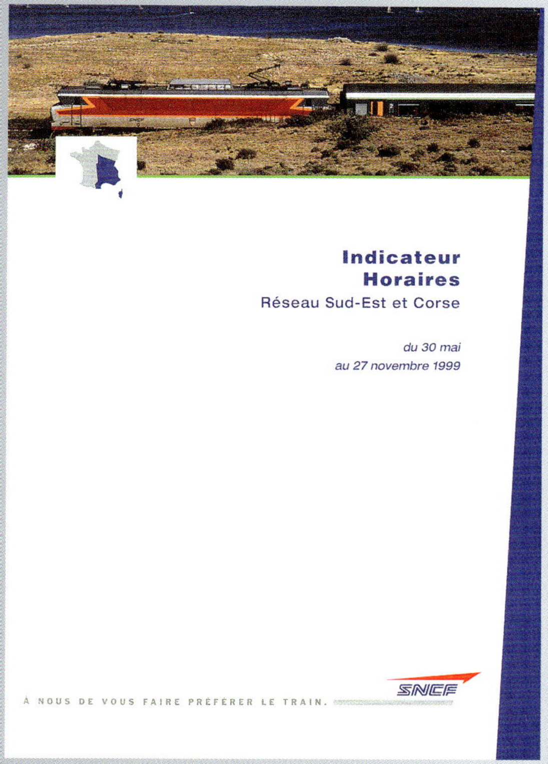

Première différenciation des trains à indicateur : la fréquence de circulation

Le “service de base” formé de trains réguliers (permanents, circulant tous les jours tout au long de l’année), auxquels s’ajoutent, selon les fluctuations hebdomadaires ou saisonnières du trafic, des trains temporaires (circulant pendant un laps de temps fixé à l’avance) ainsi que des trains périodiques (circulant seulement certains jours de la semaine ou à certaines dates désignées) constitue longtemps l’offre de base portée à la connaissance de la clientèle par voie d’affichage ou par le biais d’indicateurs horaires.
Il s’y ajoute des trains supplémentaires, circulant selon des horaires dits “facultatifs” ou bien des horaires voisins de ceux des trains réguliers qu’ils dédoublent. Ils sont mis en marche en fonction des besoins du trafic, suivant un programme préparé à l’avance, pouvant évidemment subir des adaptations de dernière minute.
Ces trains, réguliers et supplémentaires, sont enfin complétés par des trains spéciaux, circulant parfois une seule fois par an ou selon un horaire fixé à la demande afin de satisfaire un besoin exceptionnel (comme un pèlerinage à Lourdes).
La mise en marche du train est alors subordonnée au financement de la part de l’organisme demandeur.

Seconde différenciation : la rapidité du train

Différents modes de rapidité, jusque vers 1980, furent proposés à la clientèle du chemin de fer (Rapide, Express, Omnibus). Les trains rapides et express faisaient de longs trajets, diurnes ou nocturnes, et ne marquaient d’arrêt que dans les principales gares du parcours – on y trouvait, généralement, des places assises ou couchées, ainsi qu’une voiture-restaurant. Le mode de rapidité était tributaire de la vitesse limite du train, C140 pour les Express et C160 pour les Rapides.
Les omnibus, généralement des autorails ou des automotrices, desservaient toutes les gares sur un parcours d’environ 100 km. Enfin, la banlieue parisienne était, quant à elle, desservie par des trains de banlieue.

Troisième différenciation du train : son confort

Trois classes de voiture sont proposées jusqu’en 1956 (1re, 2e et 3e classe). Pourquoi trois classes ?
Avant 1936, les classes sociales étaient beaucoup plus marquées qu’aujourd’hui. Sans compter l’offre des voitures Pullman ou des voitures-lits, le train proposait trois classes aux voyageurs de grandes lignes et de banlieue. C’était beaucoup, cela coûtait très cher aux compagnies, car des voitures des trois classes devaient systématiquement être incorporées dans les trains. Néanmoins, cela correspondait à un besoin : certes, il y avait les pauvres et les riches, mais tous devaient pouvoir prendre le même train.

Du point de vue confort, la différence était également bien marquée et l’usager en avait pour son argent : en 1930, il avait le choix entre la banquette en bois, celle en moleskine et un confortable fauteuil en tissu.
En 1948, lors de la sortie d’usine des modernes voitures DEV, tout va changer. La notion de confort ayant beaucoup évoluée depuis la guerre, plus aucune voiture neuve ne sera équipée de sièges en bois. Si la 1re restait toujours la 1re, offrant des compartiments de six sièges en tissu, la différence de confort entre les 2e et 3e classes était devenue bien mince : huit places par compartiment pour les deux, le tissu en 2e et la moleskine en 3e.

La mise en service du tronçon Nord

Dès septembre 1983, la mise en service des 115 kilomètres du tronçon Nord de la LGV (Combs-la-Ville - Saint-Florentin) permit de tenir la promesse de 1981 : effectuer Paris-Lyon en une heure cinquante-cinq. Cette grande amélioration ouvrit la voie à de nombreux développements du trafic sur le réseau Sud-Est, devenu le premier de France grâce à son TGV. Valence, Avignon, Marseille, Montpellier, Nice seront desservies beaucoup plus rapidement que par le passé, ouvrant la voie à de nouvelles dessertes et de nouveau projets comme le TGV Atlantique vers la Bretagne et l'Aquitaine.

Autre époque... mais mêmes effets. Comme au temps de Charles de Freycinet, l'essor du réseau TGV fut encouragé par un État et des élus qui, tous, désiraient que ce bel oiseau orange desserve leur ville, petite ou grande, au risque de "casser" sa vitesse moyenne.

La création progressive du réseau TGV Sud-Est de 1983 à 1985, suivie de toutes les mises en service successives de liaisons interconnectées, sauva définitivement le rail du déclin qu'on lui promettait et lui permit de reconquérir des parts de marché sur ses principaux concurrents : l'avion et l'automobile.

Au guichet, le calcul de prix du billet de chemin de fer

Acheter un billet de chemin de fer ne fut longtemps possible que dans une gare. Comment le "guichetier" calculait-il le prix d'un billet de chemin de fer ? De façon très administrative et réglementaire : le tarif était proportionnel à la distance et à la classe de voiture. La tarification était calculée par tranches de 10 km auxquelles le guichetier rajoutait une taxe forfaitaire de confection, le prix d'une location de place assise ou couchée et l'éventuel supplément Rapide ou TEE. Les seules modulations possibles étaient la classe et la réduction éventuelle (abonnement demi-tarif, réduction famille nombreuse, congés payés).

L'arrivée progressive de distributeurs de billets banlieue transforme peu à peu le guichetier en vendeur-conseil, notamment en 1974 lors l'informatisation de la réservation des trains.

Dans les années 1980, les gares sont encore pourvues de très nombreux guichets de vente des titres de transport, tant nationaux qu'internationaux. Ils étaient d'ailleurs souvent rédigés manuellement. © Collection Didier Janssoone

La carte Vermeil

La carte Vermeil (rappelant la célèbre médaille de vermeil, que l'on obtient après avoir travaillé pendant trente ans) fut la toute première carte "commerciale" proposée par la SNCF, jusqu'alors habituée aux abonnements ou aux tarifs sociaux. Mise en vente le 1er mars 1970, elle offrait une réduction de 30 % aux personnes âgées (soixante ans pour les femmes et soixante-cinq ans pour les hommes). Si, commercialement, le produit a peu à peu évolué, notamment en 1979 grâce au calendrier tricolore, le principe a perduré : inciter les retraités à voyager en train. Elle est aujourd'hui connue sous le nom plus politiquement correct de carte Senior.

Le nouveau calendrier tricolore

Le train Corail ayant fait son œuvre, les voyageurs commencent à redécouvrir le train. Il faut maintenant les fidéliser. Ce qui sera fait le 1er septembre 1979 avec la création des tarifs promotionnels Couple, Famille, Séjour, Vermeil 50, et la mise au point du "calendrier 50" précisant les périodes creuses (en bleu), de pointe (en blanc) et de super-pointe (en rouge) pour l'application des réductions tarifaires de 50 %.

Adieu Lyon-Brotteaux... Bonjour Lyon-Part-Dieu

À ligne nouvelle, gare nouvelle.
Bâtie sur l'emplacement de l'ancienne gare de marchandises, la gare de Lyon Part-Dieu devient la principale gare de Lyon, éclipsant quelque peu celle de Perrache dans l'esprit des voyageurs, qui deviendra cependant le terminus des TGV venant de Paris.
Mise en service le 13 juin 1983, elle provoque la fermeture définitive de la gare historique des Brotteaux, située 700 mètres au nord et ne répondant plus aux critères du modernisme de l'époque véhiculés par le TGV.
Conçue par les architectes Eugène Gachon et Jean-Louis Girodet, elle s'inséra parfaitement dans un quartier neuf symbolisé par la Tour Crayon du nouveau centre d'affaires de la Part-Dieu.

La gare de Lyon-Perrache a toujours été une gare très active sur l'axe PLM. Depuis 1981, elle est devenue gare Terminus/Origine des "navettes" TGV vers Paris. © Collection Didier Janssoone

L'esquisse d'un réseau TGV et l'amélioration des correspondances

Le développement du réseau TGV provoqua quelques dommages collatéraux comme la "ringardisation" des omnibus de province, souvent assurés par un autorail rouge et crème ou une automotrice de la banlieue parisienne finissant sa carrière en province. Si les compagnies ferroviaires privées firent construire un matériel adapté à ce type de dessertes (automotrices et autorails), la SNCF – faute de moyens – y affecta longtemps du matériel déclassé. Il fallut attendre la mise en service du TGV pour que des commandes de matériel neuf soient passées par la SNCF. Par la suite, les lois de décentralisation et la régionalisation du transport incitèrent les régions à investir dans du matériel neuf.
Imaginez un voyageur venant de Paris et se rendant à Die (Drôme) en 1983. Il a circulé à 260 km/h jusqu'à Lyon, un peu moins vite jusqu'à Valence, gare où il a dû changer de train et prendre l'omnibus de Veynes. Le train qui l'attendait était forcément "vieux" (et lent) car, depuis des décennies, les omnibus de province étaient encore souvent composés de voitures ou d'automoteurs déclassés, plus tard évincés par des matériels plus modernes ! La régionalisation voulue par les politiques sauva cette fois-ci le chemin de fer de proximité car les régions se mirent à acheter du matériel neuf pour leurs nouveaux TER : les Trains Express Régionaux.
Le trafic voyageur augmente ainsi considérablement dès les années 1980. Cette croissance est due au TGV et à l'essor d'un véritable réseau à grande vitesse, elle sera également due à la hausse du trafic régional (TER) avec la signature de conventions entre la SNCF et les régions administratives autorisant l'achat d'automoteurs neufs adaptés à ce type de trafic (dont les régions administratives seront propriétaires) pour donner de bonnes correspondances ferroviaires à la clientèle des TGV.

1994, un TGV Nantes-Lyon passe à Massy-Verrières, gare mixte RATP/SNCF depuis 1938. Si les voies SNCF de la Grande Ceinture furent électrifiées en 1947, celles de la Ligne de Sceaux le furent dès 1937. © Collection Didier Janssoone (photo) et Jean-Pierre Rigouard (carte postale)

3

LE TGV ATLANTIQUE OU LA CROISIÈRE À 300 KM/H

La LGV Atlantique et ses deux (petites) branches, Ouest vers Le Mans et la Bretagne et Sud-Ouest vers Tours, sont respectivement mises en service en 1989 et 1990. Sur cette nouvelle infrastructure autorisée à 300 km/h est battu en mai 1990 le record du monde de vitesse à 515,3 km/h.

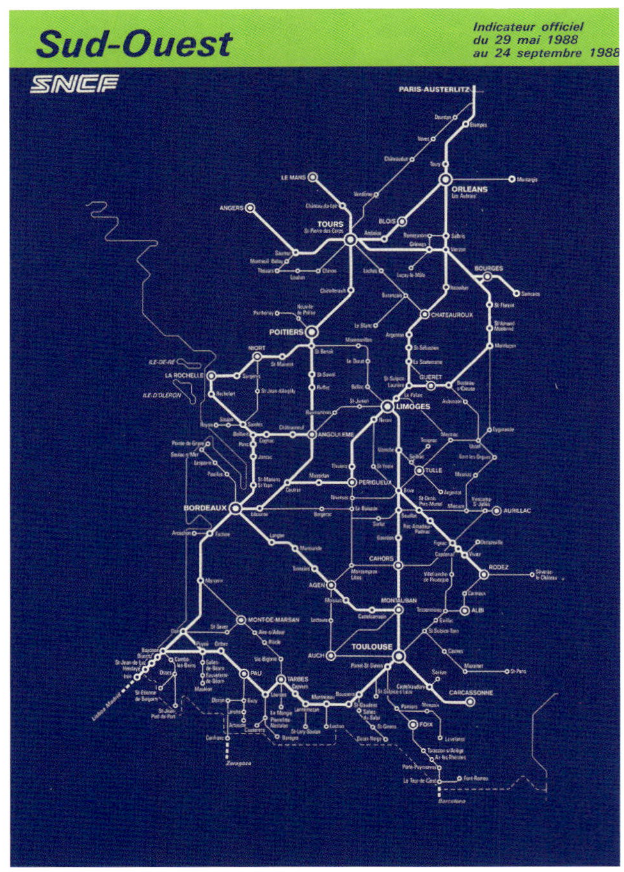

Les réseaux Ouest et Sud-Ouest avant le TGV

Trois compagnies se partageront ces territoires :

- La Compagnie du chemin de fer de Paris à Orléans (PO), créée en 1838, relie Paris à Bordeaux et Montauban *via* Orléans ;
- La Compagnie des chemins de fer du Midi (MIDI), créée en 1852, relie Bordeaux à Hendaye (*via* Dax et Bayonne), Cerbère (*via* Montauban, Toulouse, Narbonne et Perpignan), Sète (*via* Narbonne et Béziers) et Toulouse (*via* Dax, Pau, Lourdes et Tarbes) ;
- La Compagnie des chemins de fer de l'Ouest (OUEST), créée en 1855, relie Paris à la Normandie et la Bretagne.

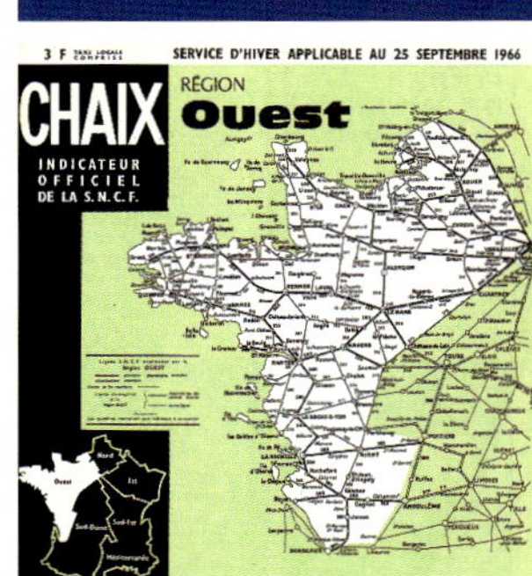

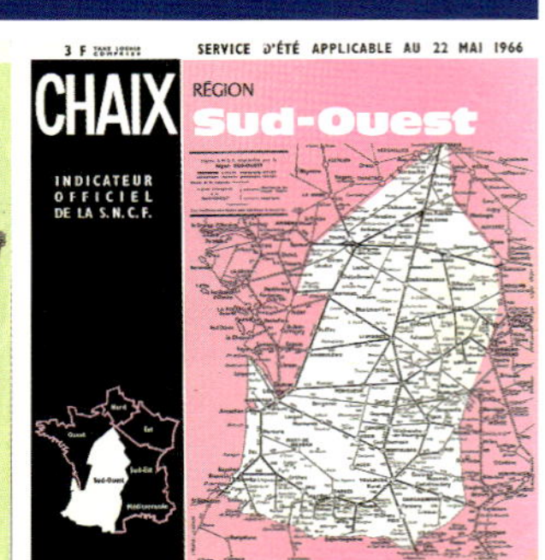

À travers la Beauce : la construction de la LGV Paris-Tours/ Le Mans

Si la construction de l'infrastructure fut également lancée en une seule fois, la mise en service des branches se ferait en deux :

- 1989 : LGV Paris-Montparnasse - Courtalain - Connerré - Le Mans (branche Ouest de la LGV Atlantique)
- 1990 : LGV Courtalain - Saint-Pierre-des-Corps - Monts (branche Sud-Ouest de la LGV Atlantique)

REPUBLIQUE FRANÇAISE
5c
POSTES
39 _ BORDEAUX.- GARE DU MIDI.

ENTRE LOIRE
ET GARONNE
P.O.-MIDI

CHEMINS DE FER PARIS-ORLÉANS - MIDI
LOURDES
Cl. Viron (Lourdes)

Chemins de Fer de l'État
Côte d'Émeraude
Bains de Mer - Excursions
Voyages Circulaires

DÉPLIANTS RÉGIONAUX S.N.C.F.
VENDÉE POITOU
SAINTONGE
Société Nationale des Chemins de Fer Français

La modernisation de l'artère Tours-Bordeaux : du block manuel au BAL

Importante section de l'artère principale de la compagnie de PO-MIDI permettant de relier Paris-Quai d'Orsay à Arcachon, Biarritz-Ville, Hendaye, Lourdes, Royan et Tarbes, *via* Les Aubrais-Orléans, Blois et Bordeaux-Saint-Jean, cette artère fut électrifiée en 1 500 V entre 1936 et 1938, mais ne bénéficia pas immédiatement d'une signalisation performante (automatique et lumineuse) comme la section Nord (Paris-Austerlitz - Saint-Pierre-des-Corps), qui sera équipée du BAL (block automatique lumineux) par étapes, entre 1932 et 1939.
La guerre ayant retardé beaucoup de projets, l'antique (mais performant et fiable) block-système Lartigue de 1880 reste en service jusqu'en 1961 sur la longue section Chasseneuil-du-Poitou - Coutras, qui sera alors équipée du block manuel de double voie unifié SNCF ; les autres sections seront directement converties au BAL (Coutras-Bordeaux entre 1951 et 1957 et Tours - Chasseneuil-du-Poitou entre 1962 et 1964).
Désireuse d'y faire circuler des trains à 200 km/h sur certaines sections rectilignes – le TEE Aquitaine, puis l'Étendard –, la SNCF lance d'importants travaux de modernisation (rectification de nombreuses courbes, renforcement de la caténaire et passage au BAL à préannonce) dès 1970. Il faudra cependant attendre 1974 pour que la continuité du BAL soit effective entre Paris-Austerlitz et Bordeaux-Saint-Jean.

Du block Lartigue des années 1910 au block manuel des années 1960 : cinquante années de (lentes) évolutions de la signalisation sur l'artère Tours-Bordeaux.
© Collection Didier Janssoone (photos) et Jean-Pierre Rigouard (carte postale)

Les trains de travaux

Construire une LGV nécessitant une importante logistique, plusieurs "bases travaux" (dont celle d'Auneau en Eure-et-Loir) sortent de terre. Montant peu à peu en puissance, elles approvisionnent nuit et jour les chantiers en ballast, en traverses et en rails de chemin de fer.
La ligne Brétigny-sur-Orge - Voves (une double voie de Brétigny à Dourdan et une voie unique de Dourdan à Voves) connaît ainsi un surcroît de trafic qui sera difficilement absorbé, car devant se mélanger aux missions de la ligne C du RER entre Brétigny et Dourdan, section de ligne alors équipée du BMU (block manuel unifié) à faible débit.

1988. Les trains de travaux de la LGV Atlantique sectionnent en gare de Voves (sur la ligne Paris-Tours via Vendôme). © Collection Didier Janssoone

La modernisation de l'artère Tours-Bordeaux : la pose des IPCS

En 1981, année de la mise en service du TGV, la SNCF exploitait un vaste réseau d'environ 35 000 km, comportant toujours 19 160 km de lignes à une seule voie, réparties comme suit :
410 km de lignes à une voie banalisée équipées en block automatique ;
2 438 km de lignes à voie unique (exploitées sous le régime du Règlement S4 A) équipées en block manuel par appareils ;
6 154 km de lignes à voie unique (soumises au même régime) non équipées d'un tel block, parcourues par des trains de voyageurs et exploitées en cantonnement téléphonique ;
3 412 km de lignes à voie unique (soumises au même régime) non équipées de block par appareils, parcourues uniquement par des trains de marchandises et exploitées en cantonnement téléphonique ;
6 746 km de lignes exploitées sous un régime particulier défini par le Règlement des lignes à voie unique à trafic restreint (VUTR).
Seules 15 840 km de lignes étaient alors à deux voies, comme l'artère Paris-Bordeaux.
Où en était cette ligne en 1981 ? Bien équipée pour espacer des trains de toutes catégories et rapidités, du lourd train de marchandises circulant à 90 km/h au train Corail 200 circulant à 200 km/h, en passant par les nombreux trains de nuit tracés à 140 km/h, ainsi que les trains de messageries (comme les trains postaux).
Était-elle bien équipée en cas de difficulté de circulation ? Moins, car seules quelques sections, comme Les Aubrais - Saint-Pierre-des-Corps et La-Grave-d'Ambarès - Bordeaux, bénéficiaient des nouvelles IPCS (installations permanentes de contresens) permettant de faire circuler les trains alternativement sur une seule voie en cas de travaux ou d'incident, le risque du nez-à-nez étant éliminé par ces installations de sécurité performantes.
Comment faisait-on sur les autres sections ? Les trains étaient retenus en gare ou sur de rares "évitements circulation" implantés en ligne depuis la première modernisation de 1970. Il existait également une autre solution pour écouler peu à peu le trafic : la mise en place d'une VUT (voie unique temporaire) entre deux gares.
Chaque gare était pourvue d'aiguilles de secours reliant les voies 1 et 2 (généralement commandées à pied d'œuvre), permettant aux agents des gares d'organiser une circulation alternée en voie unique temporaire entre ces deux gares.

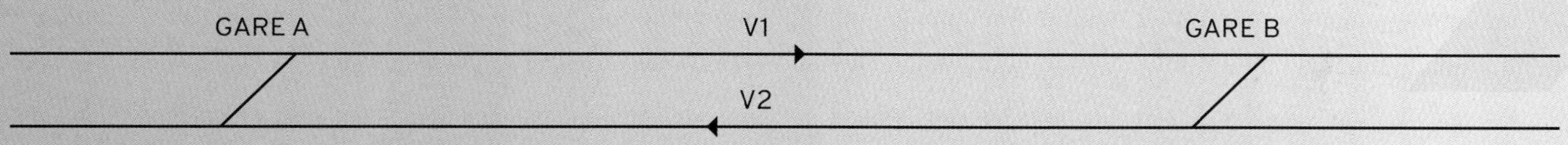

Tout le savoir-faire des agents de l'exploitation était alors mobilisé pour assurer le bon fonctionnement du chemin de fer et la VUT permettait alors d'écouler alternativement l'ensemble de la circulation sur la voie restant en service. L'entrée d'un train sur la VUT se faisait soit directement dans les gares équipées d'une aiguille autorisant un accès direct, soit après un refoulement du train dans les autres gares. La sortie du train de la VUT et son retour sur la voie normale de circulation ne nécessitaient pas de manœuvres car les aiguilles de liaison V1/V2 étaient implantées de façon à privilégier un dégagement rapide de la VUT.
Dans l'optique de l'arrivée du TGV Atlantique en 1990 – rames prévues pour circuler à 220 km/h sur de nombreux tronçons de cette ligne classique –, cette méthode d'exploitation, toujours en vigueur dans la réglementation quoique devenue très rare en 2021, n'était pas compatible avec une production ferroviaire de qualité.
De nombreux appareils de voie télécommandés sont posés et la banalisation des voies est mise en œuvre sur quelques sections chargées de la ligne, cette banalisation des voies étant un régime d'exploitation performant permettant de faire circuler indifféremment des trains des deux sens sur une même voie.

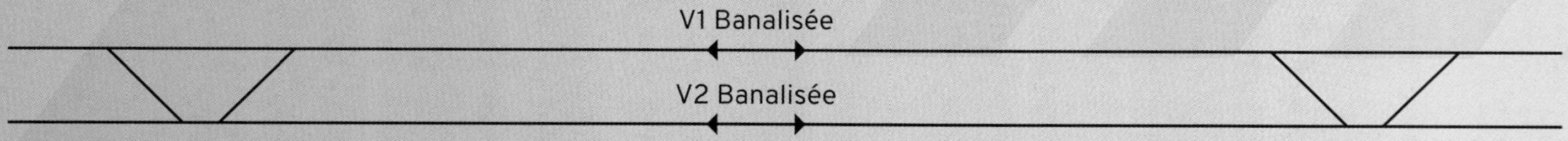

Sur ces lignes, les installations de sécurité s'opposent à l'expédition de deux trains de sens contraire à la rencontre l'un de l'autre. Ce mode d'exploitation s'appuyant sur d'importants investissements en matière de signalisation ferroviaire permet ainsi d'optimiser la circulation sur des sections de lignes très chargées ne pouvant – faute de terrain disponible ou comportant un tunnel impossible, bien entendu, à élargir – être quadruplées.
Sur les autres sections, les IPCS classiques, moins performantes en termes de débit à contresens, sont mises en service.
En cas d'incident, il sera ainsi possible de faire circuler des trains en sens inverse du sens normal, les installations s'opposant techniquement à l'expédition de deux trains de sens contraire à la rencontre l'un de l'autre.

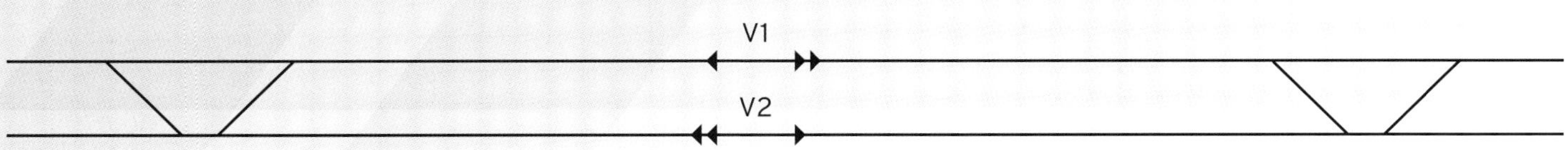

Un TGV peut ainsi, sans avis préalable au conducteur, être dirigé d'une voie sur l'autre, sans arrêt, et circuler à contresens.
Les signaux adressés aux trains circulant à contresens sont normalement éteints et s'allument automatiquement à la prise effective du contresens, les signaux commandant les itinéraires de sortie du contresens étant généralement allumés en permanence.
L'espacement des trains à contresens est assuré par du block absolu à contresens. Il n'existe ainsi qu'un seul canton (situé entre le carré d'entrée à contresens et le carré de sortie à contresens). En conséquence, seul un train sera admis dans celui-ci (d'où la notion de block absolu). Un carré de cantonnement intermédiaire pourra cependant être prévu.

Si, aujourd'hui, beaucoup de lignes sont totalement fermées pour être remises à neuf, certaines l'étaient déjà dans les années 1970. En revanche, le trafic était dévié et non totalement interrompu. Nous sommes au débouché d'un des tunnels de Lormont et nous apercevons un signal d'entrée et de sortie sur IPCS réglementairement implanté à droite. © Collection Didier Janssoone

1978 : grande opération de régénération de la bifurcation de Lormont (près de Bordeaux) et de ses cinq célèbres tunnels en alignement, dont un sera détruit. © Collection Didier Janssoone

La modernisation des lignes classiques

Le projet TGV Atlantique, beaucoup plus modeste en termes de voie parcourable à grande vitesse que le TGV Sud-Est, nécessitait que les lignes classiques en direction de Brest, Le Croisic, Bordeaux, Hendaye et Toulouse soient modernisées sur de nombreux plans pour permettre la circulation des TGV à 220 km/h en vitesse de pointe.

Adieu Austerlitz... bonjour Montparnasse

De la même façon, le projet TGV Atlantique ôta tout rôle à la gare de Paris-Austerlitz qui, contrairement à la gare de Lyon en 1981, perdit ainsi une grande partie de son trafic.

1990 : un TGV dessert Poitiers. © Collection Didier Janssoone

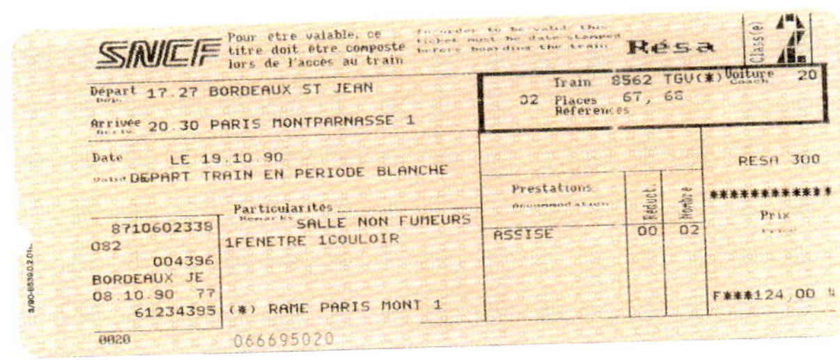

1991 : un TGV dessert Biarritz. © Collection Didier Janssoone

1989 : un TGV dessert Nantes. © Collection Didier Janssoone

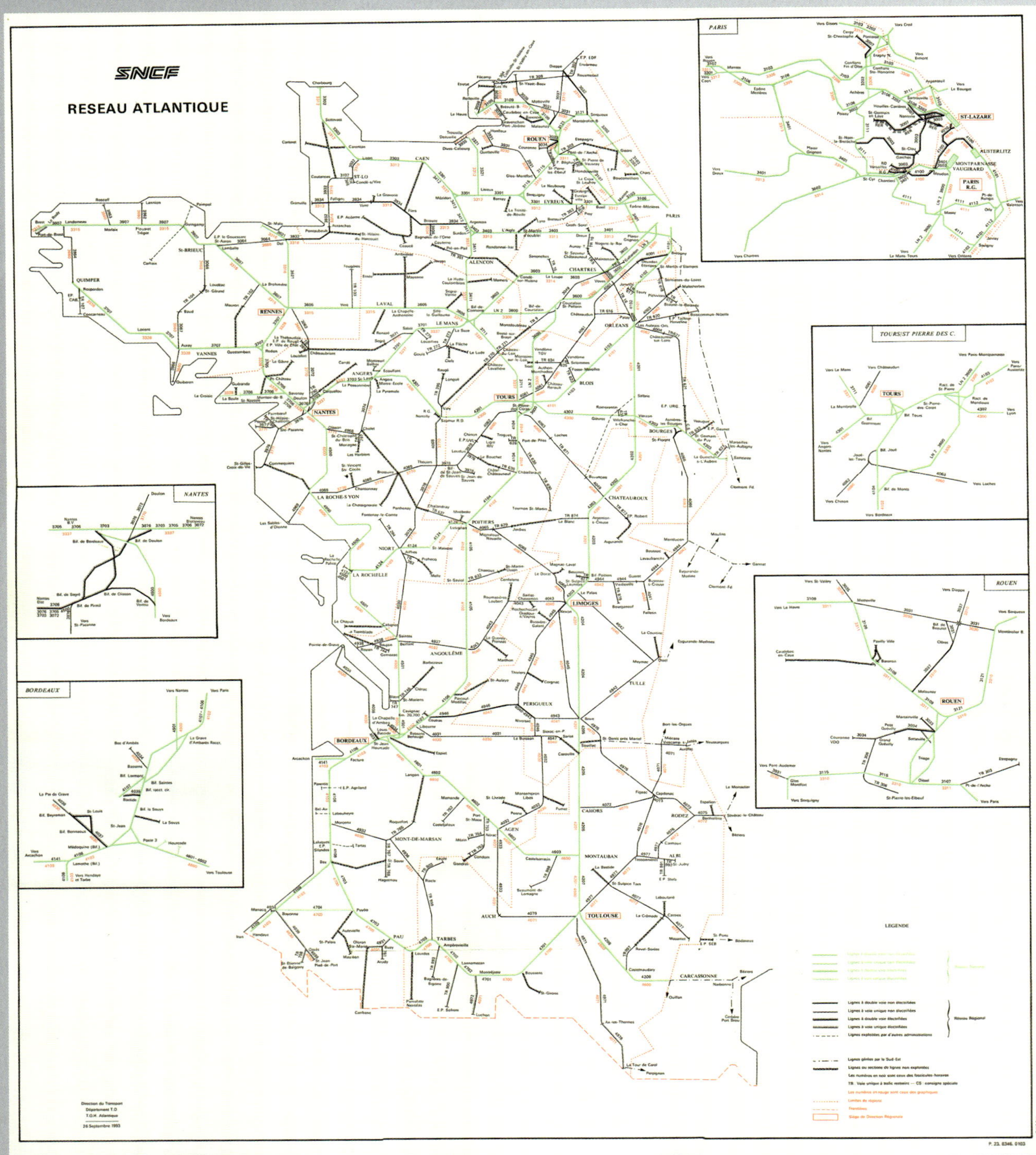

Le réseau Atlantique est "né" en 1989 de la fusion de deux Réseaux SNCF : ceux de l'Ouest et du Sud-Ouest. En région parisienne, deux Régions SNCF fusionneront également : celles de Paris-Montparnasse et de Paris-Sud-Ouest, pour donner naissance à la nouvelle Région de PRG (Paris-Rive-Gauche). © Collection Didier Janssoone

DIRECTION COMMERCIALE VOYAGEURS

septembre 1990

A PARIS, DEUX GARES POUR LE SUD-OUEST !

L'ouverture de la branche Sud-Ouest du TGV Atlantique aura lieu le 30 septembre. Elle entraînera une modification importante des habitudes de nos clients puisque deux gares parisiennes desserviront le Sud-Ouest :

- la gare de Paris-Austerlitz pour les trains Corail, les trains de nuit et les trains internationaux,
- la gare de Paris-Montparnasse pour les TGV Atlantique.

Pour aider les agents des gares et des trains qui ont une mission essentielle d'information auprès de nos clients, une action de communication importante est mise en oeuvre depuis le mois de juillet 1990, et se prolongera jusqu'aux vacances de la Toussaint. Seront utilisés l'affichage urbain, le minitel, les documents horaires, les dépliants distribués dans les gares et les trains des régions concernées.

Le message transmis à la clientèle est :

A Paris, deux gares pour le Sud-Ouest :

Gare Montparnasse pour les TGV Atlantique
Gare d'Austerlitz pour les trains Corail et trains de nuit.

Nous souhaitons vous associer à cette action en vous adressant le document actuellement diffusé auprès de la clientèle, ainsi qu'une carte reprenant la desserte détaillée du TGV Atlantique sur le Sud-Ouest.

Merci de votre participation.

Jean-Marie METZLER
Directeur de l'Activité Voyageurs

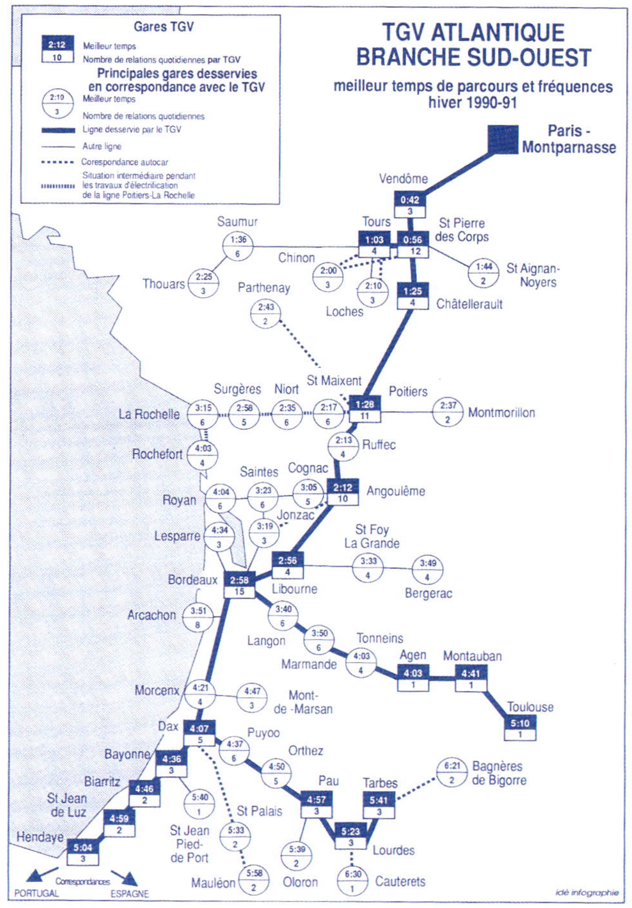

Impression SNCF · SAG · 88, rue Saint-Lazare · PARIS

Énorme affluence en gare de Paris-Austerlitz… mais c'était bien avant le TGV.
© Collection Didier Janssoone

Seconde modernisation à Paris-Montparnasse

Le projet TGV Atlantique prévoyait que seule la gare de Paris-Montparnasse traiterait ce nouveau trafic. En plus de celui de la banlieue et des trains classiques vers Chartres et Granville, elle récupérerait 50 % du trafic de Paris-Austerlitz.

Était-elle capable de le faire en l'état ?

Non, car bien que très récente – la "nouvelle" gare de Paris-Montparnasse et son poste d'aiguillage moderne du type PRS ne dataient que de 1965 – quand fut supprimée la gare historique pour faire place à la célèbre tour Montparnasse), il fallait la hisser commercialement au standing TGV, revoir intégralement son plan de voie, la doter d'un nouveau poste d'aiguillage central ultramoderne à commandes informatiques (un PRCI) et y loger le nouveau PAR (poste d'aiguillage et de régulation) exploitant la LGV jusqu'à Saint-Pierre-des-Corps et Le-Mans... Bref, il fallait la rénover de A à Z.

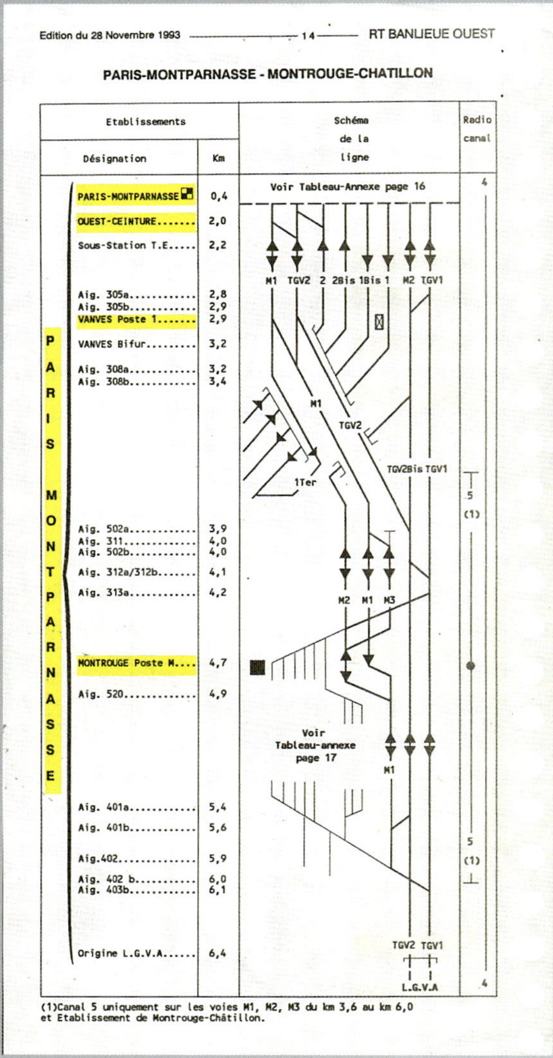
Edition du 28 Novembre 1993 — 14 — RT BANLIEUE OUEST

PARIS-MONTPARNASSE - MONTROUGE-CHATILLON

Etablissements		Schéma de la ligne	Radio canal
Désignation	Km		
PARIS-MONTPARNASSE	0,4	Voir Tableau-Annexe page 16	4
OUEST-CEINTURE.......	2,0		
Sous-Station T.E.....	2,2		
Aig. 305a............	2,8		
Aig. 305b............	2,9		
VANVES Poste 1.......	2,9		
VANVES Bifur.........	3,2		
Aig. 308a............	3,2		
Aig. 308b............	3,4		5 (1)
Aig. 502a............	3,9		
Aig. 311.............	4,0		
Aig. 502b............	4,0		
Aig. 312a/312b.......	4,1		
Aig. 313a............	4,2		
MONTROUGE Poste M....	4,7		
Aig. 520.............	4,9	Voir Tableau-annexe page 17	
Aig. 401a............	5,4		
Aig. 401b............	5,6		5 (1)
Aig.402..............	5,9		
Aig. 402 b...........	6,0		
Aig. 403b............	6,1		
Origine L.G.V.A......	6,4		4

(1)Canal 5 uniquement sur les voies M1, M2, M3 du km 3,6 au km 6,0 et Etablissement de Montrouge-Châtillon.

Ce qui fut fait en quelques années s'avéra colossal car le quartier fut une nouvelle fois métamorphosé. On oublia cependant d'améliorer les correspondances avec le métro qui restaient toujours aussi longues et fastidieuses pour la clientèle transitant par les lignes 4 et 12.

Paris-Austerlitz, une gare alors moderne et habituée à traiter un trafic soutenu, perdit ainsi tout intérêt pour les décideurs, ne cherchant même pas à prévoir une solution de délestage pour Paris-Montparnasse en cas d'incident rendant l'accès à cette gare impossible. Ce qui arriverait parfois, perturbant gravement le trafic, notamment en pleine pointe.

Il fallait la vider... pour espérer convaincre les politiques de pouvoir la détruire dans le cadre de l'opération ATM (Austerlitz-Tolbiac-Masséna) en projet. De service en service, les trains disparurent du tableau d'affichage jusqu'à ce qu'un problème de capacité se posât à Paris-Gare-de-Lyon. Le prolongement de la LGV vers Marseille et Montpellier nécessitait le report de quelques trains à Paris-Austerlitz. Elle su alors saisir sa chance en reprenant à son compte l'ensemble du trafic des trains de nuit vers le Sud-Est et redeviendrait, pendant une dizaine d'années, jusqu'à la décision de supprimer les trains de nuit (mais c'est une autre histoire) une gare de premier plan dès 2000-2001.

Aujourd'hui, sauvée et réhabilitée techniquement (dans le but de devenir une gare de délestage de la ligne C du RER), elle reçoit de temps en temps, *via* le raccordement de Massy-Palaiseau, les TGV quand tout va mal à Paris-Montparnasse !

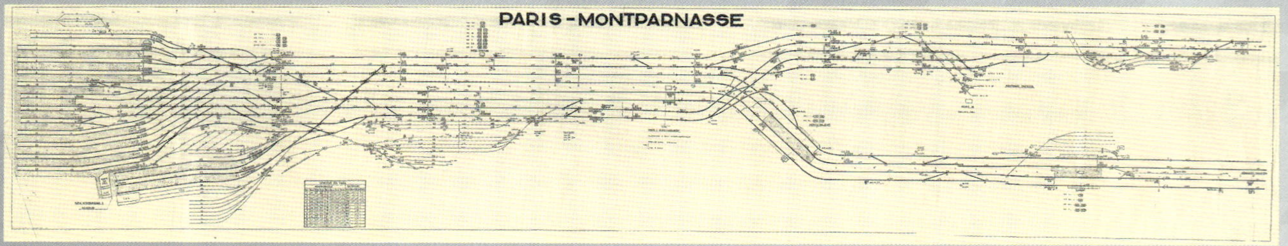

De 1930 à 1990, la gare Montparnasse des origines a subi de multiples transformations (TGV en 1989), agrandissements (Gare du Maine en 1934) et… déplacement (en 1965) pour céder la place à la célèbre Tour. © Collection Didier Janssoone

Un nouveau système de réservation pour accompagner la grande vitesse

L'ère du TGV et de la grande vitesse qui s'ouvre à partir de 1981 ne sera pas sans effet sur l'organisation du trafic et l'exploitation des gares, car le TGV fait littéralement exploser la demande de voyages... vers les Alpes, le Lyonnais, la Vallée du Rhône, la belle Provence et... la Côte d'Azur (40 millions de réservations en 1990, 130 millions en 1995 avec l'effet TGV Atlantique) ! La mise en service du TGV (et l'obligation impérative de réserver sa place) va faire exploser le système électronique de réservation, pourtant pas si daté : 1974.

Le choix de la SNCF se porta vers un système qui avait fait ses preuves dans l'aviation : le logiciel Sabre initié par American Airlines. Sa mise au point fut délicate, mais cet épisode serait un mal pour un bien car, après de gros efforts de la part des guichetiers et de la direction de l'informatique, la chenille donnerait naissance en 2003 à un beau papillon : le système Mosaïque permettant au "vendeur" de proposer une offre globale au client et non plus seulement un billet de chemin de fer comme il était d'usage en 1970.

La mise au point du système Socrate (système offrant à la clientèle des réservations d'affaires et de tourisme), destiné à succéder à la RESA de 1974 arrivée à bout de souffle, fut assez lente et nécessita de longs efforts de la part des cheminots et des clients. Mais, si en 1993, les soucis causés par ce nouveau logiciel furent bien réels, ils permirent néanmoins à la SNCF de se familiariser avec les techniques du *yield management* (calcul du prix d'un voyage en fonction de la demande), techniques destinées à lui permettre de mieux remplir ses trains. Sans ce "péché de jeunesse", le voyageur n'aurait pas pu bénéficier de tout ce qui lui semble naturel aujourd'hui : trouver des places à petit prix (sans rapport avec le kilométrage parcouru), échanger facilement ses places et éditer des e-billets.

L'arrivée de ce logiciel transforme le guichetier en vendeur-conseil. D'un rôle de distributeur de tickets de train, le métier de vendeur évolue en devenant un métier à forte valeur ajoutée, ne s'exerçant plus derrière un hygiaphone, mais un comptoir d'accueil et, dans les grandes villes, même en boutique. En effet, outre la vente des billets grandes lignes, celui-ci a maintenant un rôle de conseil en voyage, en proposant des prestations annexes comme la réservation d'une chambre d'hôtel ou la location d'une voiture à l'arrivée.

1991 en gare de Bordeaux. Les TGV arborent fièrement le logo des jeux olympiques d'Albertville. © Collection Didier Janssoone

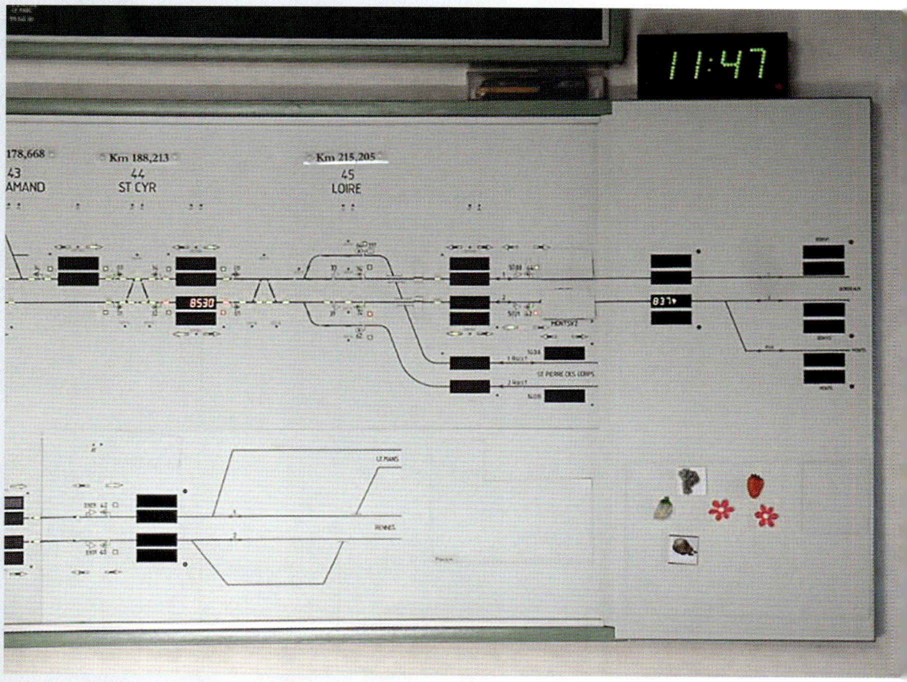

Découverte du PAR Atlantique situé à Paris-Montparnasse. © Collection Damien Barreau

Le TGV passe en gare d'Agen. © Collection Damien Barreau

4

LE TGV NORD
ET L'EFFET RÉSEAU

Le TGV Nord-Europe, premier projet de ligne nouvelle à double vocation, nationale et internationale, a été mis en service en mai 1993 entre Paris-Nord et Lille. Elle permet – à la suite de l'ouverture du tunnel sous la Manche inauguré le 6 mai 1994 – de faire circuler des trains directs Eurostar de Londres vers Paris et Bruxelles, dès novembre 1994.
Dès le 2 juin 1996, les nouveaux TGV Thalys relient Paris-Nord à Bruxelles et Amsterdam, puis l'Allemagne en 1998.

Le réseau Nord avant le TGV

La Compagnie des chemins de fer du Nord (NORD) créée en 1845 relie Paris à la frontière belge par Lille et Valenciennes.

Le renouveau des gares et le projet Escale

L'arrivée du TGV a aussi été l'occasion de lancer une campagne de modernisation des gares desservies.
La gare "ferroviaire" – à l'aube de l'arrivée des trains de la concurrence, ce terme semble le mieux convenir aujourd'hui – est présente dans les villes et les villages depuis la fin du XIXe siècle. Elle est, pour les Français, un des symboles de l'État, telles la poste ou la mairie, et pour le voyageur, le point d'entrée et de sortie du chemin de fer.

Techniquement, c'est la gare (comme pour la gare maritime ou routière et pour l'aéroport) qui permet de faire la transition entre la cité et le monde du chemin de fer, fait de codes et d'impératifs horaires. Au cœur de l'exploitation ferroviaire, elle constitue le point d'accès officiel du chemin de fer, celui où on peut prendre le train, charger ou décharger un wagon, récupérer ou enregistrer ses bagages et… même poster une lettre dans la boîte aux lettres d'une voiture postale. En fait, la gare est bien plus que cela : c'est aujourd'hui (et encore pour quelque temps) une vitrine de la SNCF, comme pouvait l'être la Compagnie qui, autrefois, desservait la ville ou le village. Demain, elle sera assimilée à un aéroport et deviendra un portail d'accès aux services offerts par de multiples opérateurs ferroviaires…

mémo Services

FÉVRIER 2004 N° 17

✻ Les Bornes Échange Minute' TGV

« *Aucune raison de stresser avec les Bornes Échange Minute'TGV* »

En 2003, plus de 624 000 voyageurs ont bénéficié de la souplesse d'accès grâce aux bornes situées à proximité des accès aux quais.

Depuis septembre 2003, le succès de ce service s'exprime pleinement. En effet, le volume d'échanges s'est envolé en passant de 47 900 (avril 2003) à 86 700 échanges (octobre 2003). La répartition par site et par mois progresse considérablement : 21 000 échanges à Paris Gare de Lyon, 18 000 à Paris-Montparnasse, 13 200 à Paris-Nord, 9 600 à Lyon Part-Dieu, 8 100 à Lille-Flandres, 2 600 à Nantes et aussi 800 à Angers, 600 à Dijon et Montpellier.

Les habitudes se créent donc, notamment auprès de la clientèle professionnelle (majorité d'échanges pour des tarifs Abonnés et Plein Tarif, sur une plage horaire comprise entre 15 h et 18 h) et les clients apprécient ce service.

Cette récente montée en charge n'est pas sans conséquence en interne et engendre plusieurs interrogations. Quels sont les tarifs acceptés ? Comment fonctionne la carte d'accès ? Pour quelles OD les billets sont-ils échangeables ? Dans quelles gares ? Comment se calcule la différence de prix et comment rembourser ?

Voici des compléments d'information qui répondront à vos attentes.

le site intranet, c'est...

http://production-voyageurs.sncf.fr

SNCF

Les étapes de l'électrification des lignes principales en 25 000 V

Paris-Est - Strasbourg :
1956 : Sarrebourg-Strasbourg
1959 : Révigny-Lérouville
1960 : Lérouville-Sarrebourg
1961 : Châlons-sur-Marne - Révigny
1962 : Paris-Est - Chézy-sur-Marne

Paris-Nord - Lille :
1958 : Lille - Paris-Nord

Paris-Montparnasse – Brest (1 500/25 000 V) :
1964 : Le Mans (section de séparation 1,5 kV/25 kV) - Laval
1965 : Laval - Rennes
1987 : Rennes - Saint-Brieuc
1989 : Saint-Brieuc - Brest

Paris-Lyon – Vintimille-Frontière (1 500/25 000 V) :
1965 : Marseille-Blancarde
(section de séparation 1,5 kV/25 kV) - Les Arcs
1967 : Les Arcs - Saint-Raphaël
1968 : Saint-Raphaël - Cannes
1969 : Cannes - Vintimille-Frontière

Paris-Saint-Lazare - Le Havre :
1966 : Paris-Saint-Lazare - Sotteville
1967 : Sotteville - Le Havre

La banlieue Nord de Paris commence à être électrifiée en 25 KV au début des années 1960. © Collection Didier Janssoone

Paris-Nord : première gare d'Europe

Ouverte en 1846, la gare s'est, dès ses débuts, trouvé une vocation internationale en desservant l'Allemagne, la Belgique, les Pays-Bas et même la Grande-Bretagne, y expédiant des trains de voitures-lits venus de la Côte d'Azur ayant transité par la Petite Ceinture (*via* Ménilmontant).
Accueillant généralement (hors épisode Covid-19) environ 300 millions de voyageurs par an, elle est considérée comme la première gare européenne et la troisième mondiale.
Les Eurostar, les Thalys et autres TGV inOui s'y succèdent à un rythme soutenu, se mélangeant harmonieusement avec le trafic des TER Hauts-de-France, le Transilien et les RER des lignes B et D.

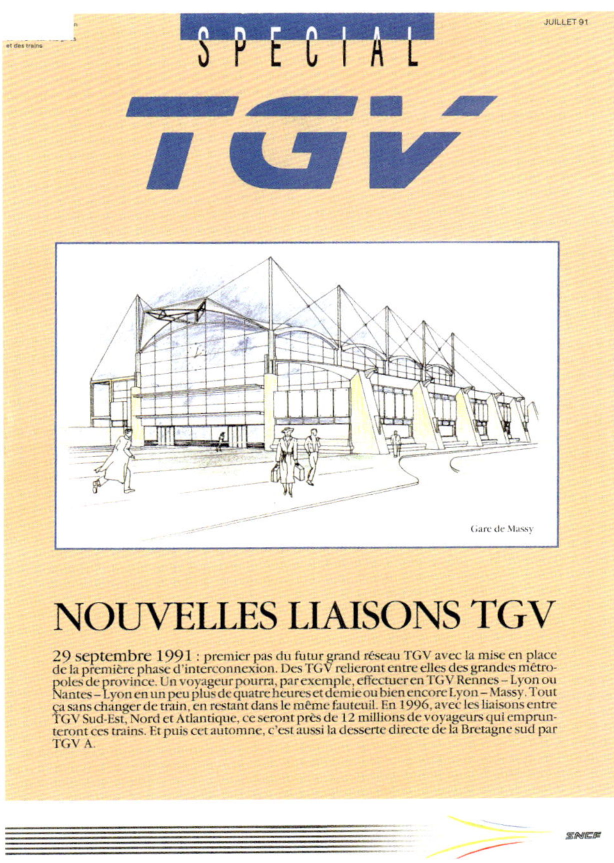

NOUVELLES LIAISONS TGV

29 septembre 1991 : premier pas du futur grand réseau TGV avec la mise en place de la première phase d'interconnexion. Des TGV relieront entre elles des grandes métropoles de province. Un voyageur pourra, par exemple, effectuer en TGV Rennes – Lyon ou Nantes – Lyon en un peu plus de quatre heures et demie ou bien encore Lyon – Massy. Tout ça sans changer de train, en restant dans le même fauteuil. En 1996, avec les liaisons entre TGV Sud-Est, Nord et Atlantique, ce seront près de 12 millions de voyageurs qui emprunteront ces trains. Et puis cet automne, c'est aussi la desserte directe de la Bretagne sud par TGV A.

Les barreaux d'interconnexion

Parallèlement, une véritable interconnexion des LGV est rendue possible en région parisienne grâce à l'ouverture du barreau d'interconnexion (triangle de Coubert) et des nouvelles gares de Roissy et de Disneyland, permettant de faire circuler des Lille-Marseille.

Le projet Eurotunnel

Projet “serpent de mer” car envisagé depuis une centaine d’années, par Napoléon Ier notamment, mais sans cesse repoussé par les Anglais qui y voyaient un risque majeur d’invasion – en 1940, l’Angleterre aurait été vaincue grâce à un tel tunnel –, Margaret Thatcher et François Mitterrand annoncent à Lille, le 20 janvier 1986, la mise en construction prochaine du tunnel sous la Manche.
Exploité par le groupe Eurotunnel (avec des cheminots “privés”), il est constitué de deux “tubes” principaux (un pour la voie France/Angleterre et un pour la voie Angleterre/France) ainsi qu’un troisième servant de tunnel routier de service, dans lesquels circuleront des “navettes” Eurotunnel transportant les voyageurs (particuliers et camionneurs en transit, les véhicules étant chargés sur des remorques circulant à 160 km/h), des trains de marchandises, des TGV Eurostar vers Paris et Bruxelles et, peut-être même, des trains de nuit !
Les travaux lancés en décembre 1987 furent achevés début 1994, et le tunnel, inauguré le 6 mai 1994. Ce fut un grand succès commercial car chaque année, le tunnel vit le transit de 21 millions de passagers, de 2,7 millions de voitures et de 1,7 million de camions.
Ce fut, en revanche, un gouffre financier pour les concepteurs et une aventure financière pour les petits porteurs d’actions dont certains, alléchés par les mirifiques prévisions boursières laissant supposer un bon rendement, y ont vu un placement de père de famille pour leurs modestes économies.
L’action valait 35 francs ; quelques mois après, elle ne valait presque plus rien. Cependant, le projet avait réussi et c’était une très bonne chose pour le rail. L’aventure capitalistique a cependant montré les limites du rendement d’une action de “chemin de fer”. Déjà, du temps du PO ou du PLM en 1930, le ferroviaire n’était pas très rentable et l’État avait dû se résoudre à nationaliser pour que les chemins de fer puissent survivre !

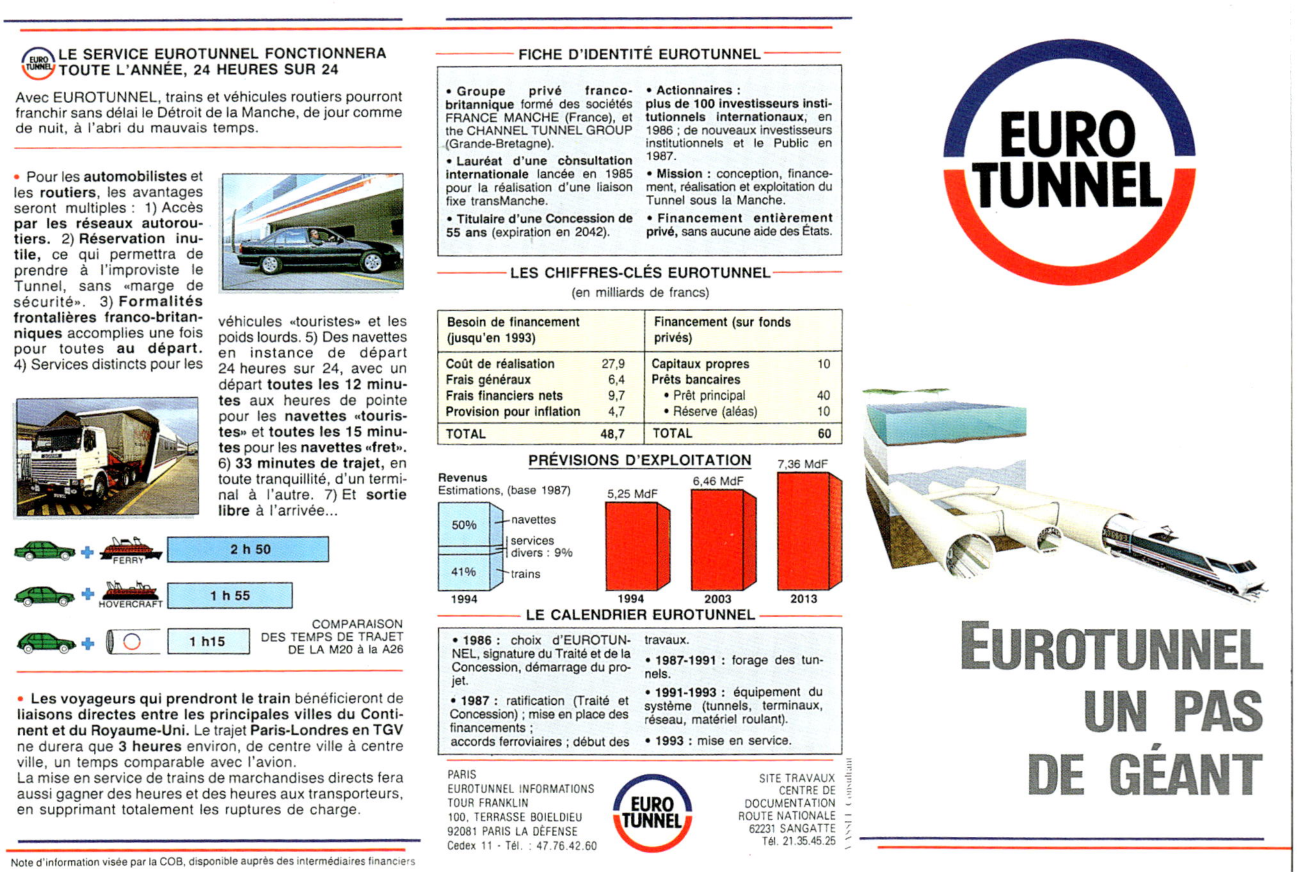

LE SERVICE EUROTUNNEL FONCTIONNERA TOUTE L’ANNÉE, 24 HEURES SUR 24

Avec EUROTUNNEL, trains et véhicules routiers pourront franchir sans délai le Détroit de la Manche, de jour comme de nuit, à l’abri du mauvais temps.

• Pour les **automobilistes** et les **routiers**, les avantages seront multiples : 1) Accès **par les réseaux autoroutiers.** 2) **Réservation inutile,** ce qui permettra de prendre à l’improviste le Tunnel, sans «marge de sécurité». 3) **Formalités frontalières franco-britanniques** accomplies une fois pour toutes **au départ.** 4) Services distincts pour les véhicules «touristes» et les poids lourds. 5) Des navettes en instance de départ 24 heures sur 24, avec un départ **toutes les 12 minutes** aux heures de pointe pour les **navettes «touristes»** et **toutes les 15 minutes** pour les **navettes «fret».** 6) **33 minutes de trajet,** en toute tranquillité, d’un terminal à l’autre. 7) Et **sortie libre** à l’arrivée...

FERRY – 2 h 50
HOVERCRAFT – 1 h 55
1 h15

COMPARAISON DES TEMPS DE TRAJET DE LA M20 à la A26

• **Les voyageurs qui prendront le train** bénéficieront de **liaisons directes entre les principales villes du Continent et du Royaume-Uni.** Le trajet **Paris-Londres en TGV** ne durera que **3 heures** environ, de centre ville à centre ville, un temps comparable avec l’avion.
La mise en service de trains de marchandises directs fera aussi gagner des heures et des heures aux transporteurs, en supprimant totalement les ruptures de charge.

Note d’information visée par la COB, disponible auprès des intermédiaires financiers

FICHE D’IDENTITÉ EUROTUNNEL

• **Groupe privé franco-britannique** formé des sociétés FRANCE MANCHE (France), et the CHANNEL TUNNEL GROUP (Grande-Bretagne).
• **Lauréat d’une consultation internationale** lancée en 1985 pour la réalisation d’une liaison fixe transManche.
• **Titulaire d’une Concession de 55 ans** (expiration en 2042).
• **Actionnaires : plus de 100 investisseurs institutionnels internationaux,** en 1986 ; de nouveaux investisseurs institutionnels et le Public en 1987.
• **Mission :** conception, financement, réalisation et exploitation du Tunnel sous la Manche.
• **Financement entièrement privé,** sans aucune aide des États.

LES CHIFFRES-CLÉS EUROTUNNEL
(en milliards de francs)

Besoin de financement (jusqu’en 1993)		Financement (sur fonds privés)	
Coût de réalisation	27,9	Capitaux propres	10
Frais généraux	6,4	Prêts bancaires	
Frais financiers nets	9,7	• Prêt principal	40
Provision pour inflation	4,7	• Réserve (aléas)	10
TOTAL	48,7	TOTAL	60

PRÉVISIONS D’EXPLOITATION

LE CALENDRIER EUROTUNNEL

• **1986 :** choix d’EUROTUNNEL, signature du Traité et de la Concession, démarrage du projet.
• **1987 :** ratification (Traité et Concession) ; mise en place des financements ; accords ferroviaires ; début des travaux.
• **1987-1991 :** forage des tunnels.
• **1991-1993 :** équipement du système (tunnels, terminaux, réseau, matériel roulant).
• **1993 :** mise en service.

PARIS
EUROTUNNEL INFORMATIONS
TOUR FRANKLIN
100, TERRASSE BOIELDIEU
92081 PARIS LA DÉFENSE
Cedex 11 - Tél. : 47.76.42.60

SITE TRAVAUX
CENTRE DE DOCUMENTATION
ROUTE NATIONALE
62231 SANGATTE
Tél. 21.35.45.25

EURO TUNNEL

EUROTUNNEL UN PAS DE GÉANT

Vues diverses sur la gare de Lille-Flandres. © Collection Damien Barreau

5

LES DÉVELOPPEMENTS RÉCENTS

En route pour terminer le nouveau réseau en étoile car toutes les régions veulent leur TGV !

Du TGV Sud-Est au TGV Med… le sud à trois heures de Paris !

Dès 1994, une première phase du futur prolongement vers Marseille est esquissée. La LGV Rhône-Alpes est mise en service entre Lyon et Valence-Ville. Puis, en 2001… après de longs travaux, la ligne est prolongée vers Marseille et Nîmes. Ce sera l'apogée du réseau TGV…

Un TGV pelliculé Paris-Marseille aperçu en gare d'Avignon au tout début des années 2000. © Collection Didier Janssoone

Avignon TGV. Vue sur un repère équivalant à un carré en signalisation classique. © RGCF/Recoura

Le poste Mistral de Marseille Saint-Charles

La mise en service du TGV Méditerranée promettait, du fait de l'accroissement du trafic attendu, de complexifier l'exploitation de la gare Saint-Charles qui n'avait technologiquement pas évolué depuis 1962 où, pour accompagner l'électrification, un PRS avait été mis en service, ce poste PRS étant alors la technologie la plus moderne en service.
Celui-ci, devenu obsolète et d'un coût prohibitif en termes de maintenance, est remplacé en 2000 par le prototype du nouveau poste de référence de la SNCF des années 2010-2025 : un poste PRCI à technologie Mistral, une interface informatique entre la table de commande des itinéraires et la salle des relais.
Doté de 1 300 itinéraires possibles (dont 450 sur la LGV), il révolutionne actuellement l'exploitation du complexe ferroviaire de Marseille comportant de nombreuses bifurcations vers Nice, Aix-en-Provence, Avignon *via* la ligne classique et Lyon vers la LGV. Il tient également toutes ses promesses en termes de fonctionnalité du système Mistral.

Vers Strasbourg en deux étapes

C'est la première ligne où le 320 km/h est appliqué entre Paris et Strasbourg. Cette ligne nouvelle ouvre également le chemin de l'interopérabilité entre la DB et la SNCF puisque les ICE iront jusqu'à Paris-Est.
Celle-ci est construite en deux fois :

- 2007 : LGV Vaires-sur-Marne - Baudrecourt (1er tronçon de la LGV Paris-Strasbourg, inauguré le 15 mars 2007)
- 2016 : LGV Baudrecourt-Vendenheim (2e tronçon de la LGV Paris-Strasbourg)

*La gare de Révigny, située sur la ligne 1 Paris-Strasbourg, ne sera véritablement modernisée que dans les années 1960.
Contrairement à celle de Reims, elle ne verra jamais passer de TGV.
© Collection Jean-Pierre Rigouard (carte postale) et Didier Janssoone (photo)*

L'histoire du Réseau AL et de la circulation à droite…

Plus de quatre-vingts ans après la création de la SNCF en 1938, il reste encore quelques particularismes régionaux issus du voisinage tumultueux entre la France et l'Allemagne.
Prenons le train TGV à Paris-Est et dirigeons-nous vers Strasbourg par la ligne 1 (dite classique) du réseau de l'Est. Après avoir circulé "à gauche" pendant une bonne partie du parcours, nous empruntons, après Blainville, au km 426,629, un saut de mouton qui nous conduira désormais à circuler à droite jusqu'au terminus et, pour le conducteur, à observer les signaux à droite. Nous venons de passer à Nouvel-Avricourt, ancienne gare frontière franco-allemande de 1871 à 1919 (et de 1940 à 1944) et avons circulé à 140 km/h sur le saut de mouton anciennement à quatre voies (deux ont été déposées en 1942), construit vers 1930 entre Héming et Sarrebourg afin de supprimer l'arrêt général après le retour de l'Alsace-Lorraine à la France en 1919.
En Alsace et en Moselle (sauf sur les lignes à grande vitesse), les trains circulent à droite. Pourquoi ? Pour des raisons historiques. Quand Bazaine, célèbre ingénieur ferroviaire, met en service en 1840 dans la plaine d'Alsace une des toutes premières lignes françaises (Strasbourg-Bâle), il optera pour la circulation à droite.
Quand la Compagnie des chemins de fer de l'Est (EST) absorbe ces 144 kilomètres de ligne en 1854, elle maintient la circulation à droite. Lors de l'annexion allemande de 1871, cette partie du réseau EST est intégrée au réseau Guillaume-Luxembourg et rapidement germanisée du point de vue ferroviaire : restructuration des gares, mise en place de la signalisation allemande et circulation des trains à droite. À cette époque, les gares frontières étant toutes d'arrêt général, le changement de voie s'effectue au niveau des aiguilles de sortie. En 1919, lors du retour de ce réseau à la France, la compagnie de l'EST le trouve non intégrable à ses structures techniques et signifie au gouvernement français qu'il ne l'exploitera pas. Celui-ci sera donc contraint de créer en 1919 l'Administration des chemins de fer d'Alsace et de Lorraine (AL), chargée de gérer et d'exploiter le réseau ferroviaire d'Alsace-Lorraine.
Compte tenu des difficultés de la France, très appauvrie par quatre ans de guerre, la nouvelle administration ne juge pas utile d'investir dans des travaux afin que les trains puissent de nouveau circuler à gauche. Pour pouvoir quand même supprimer l'arrêt général des trains et accélérer le trafic au niveau de l'ex-frontière (passant juste après les gares françaises d'Amanvilliers, de Chambrey, de Montreux-Vieux et de Nouvel-Avricourt), il faut trouver une solution technique pour permettre la transition entre les sens de circulation en vigueur sur les chemins de fer de l'EST (à gauche) et ceux en usage sur l'ex-réseau de Eisenbahnen in Elsaβ-Lothringen (à droite) : celle-ci se fait au moyen d'un saut de mouton faisant passer la voie 1 sur la voie 2 afin qu'elle se retrouve à droite dès la première gare alsacienne ou lorraine. Dès juillet 1940, ce réseau est de nouveau annexé par le IIIe Reich et exploité à l'allemande. En 1945, lors de son retour définitif à la SNCF, celle-ci, compte tenu des travaux à effectuer, juge inutile de revenir en arrière et de refaire circuler les trains à gauche, sauf sur la LGV Est (où les TGV repassent à droite peu avant d'arriver à Strasbourg).

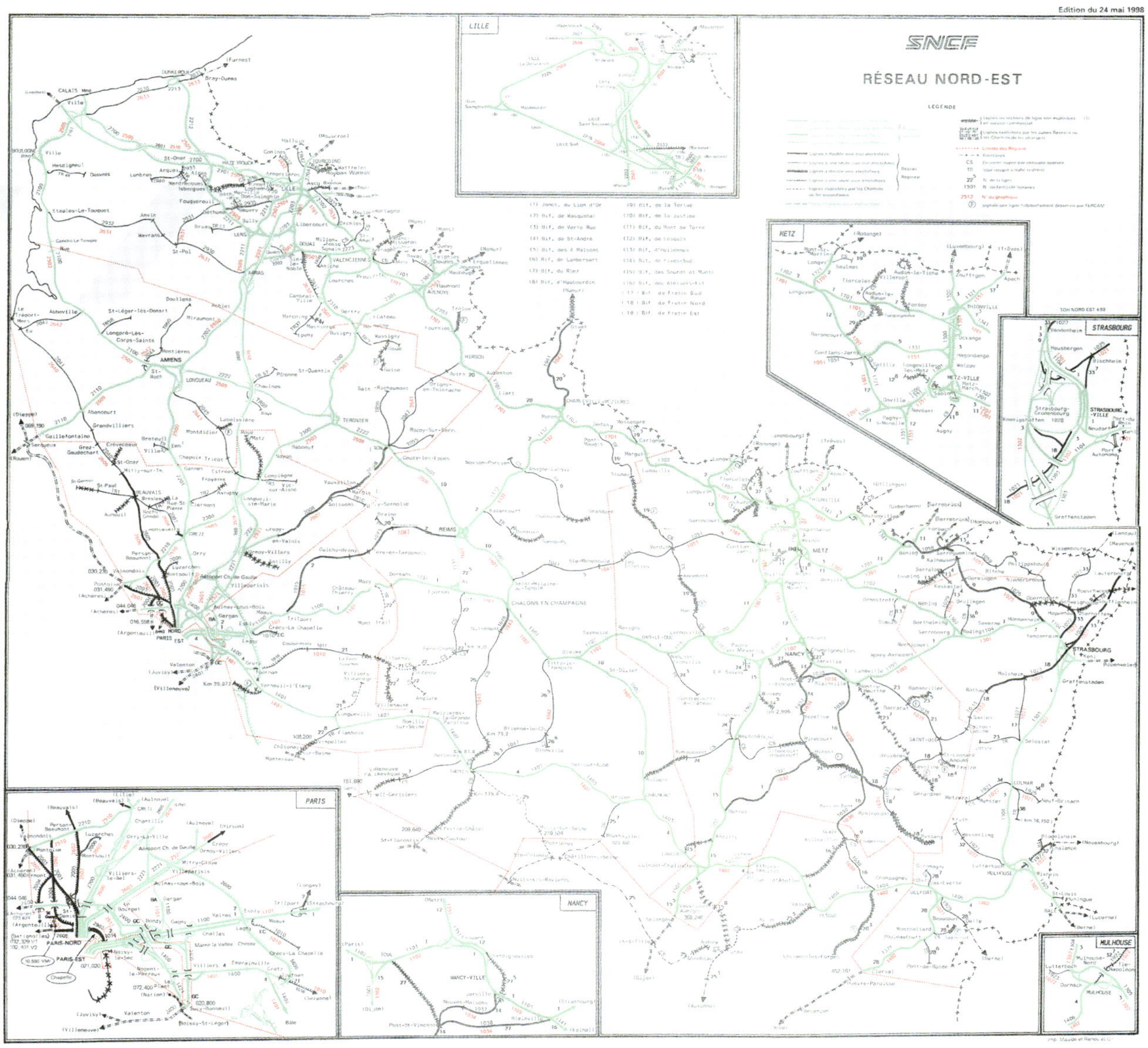

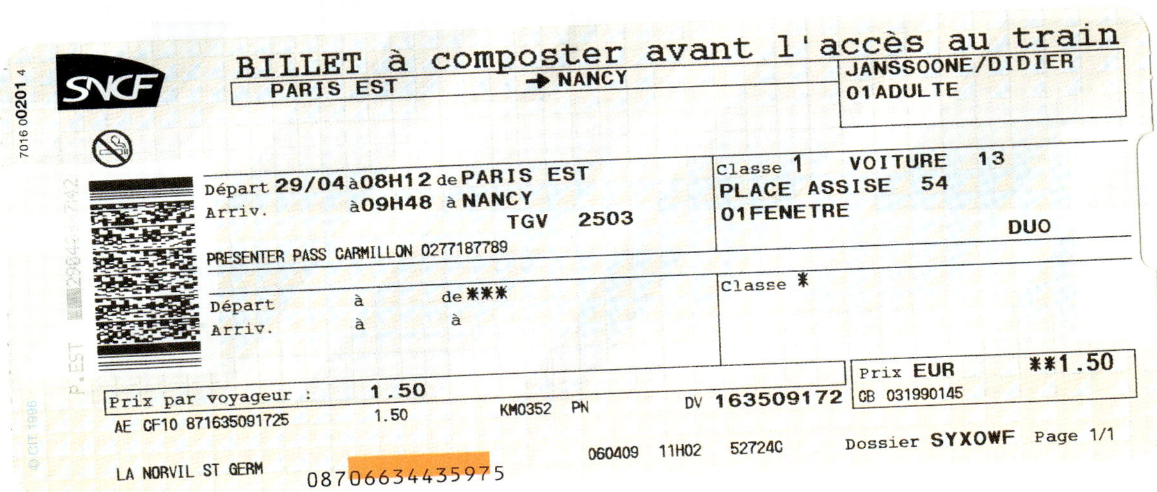
SNCF

BILLET à composter avant l'accès au train

PARIS EST → NANCY

JANSSOONE/DIDIER
01 ADULTE

Départ 29/04 à 08H12 de PARIS EST
Arriv. à 09H48 à NANCY
TGV 2503

Classe 1 VOITURE 13
PLACE ASSISE 54
01 FENETRE
DUO

PRESENTER PASS CARMILLON 0277187789

Départ à de ***
Arriv. à à

Classe *

Prix par voyageur : 1.50

Prix EUR **1.50

AE CF10 871635091725 1.50 KM0352 PN DV 163509172 CB 031990145

LA NORVIL ST GERM 060409 11H02 52724C Dossier SYXOWF Page 1/1

08706634435975

7016 00201 4

Le TGV Rhin-Rhône

Ouvert à la circulation le 11 décembre 2011, le 1er tronçon (Villers-les-Pots - Petit-Croix) du TGV Rhin-Rhône, ne passant pas par Paris, constitue une pièce maîtresse pour mailler le territoire. Il permet de desservir Besançon et Montbéliard, ainsi que Belfort, le berceau du TGV.

Après vingt-sept ans de TGV Atlantique... Rennes et Bordeaux à deux heures de Paris !

En route vers Bordeaux et Rennes : une formalité pour une SNCF habituée aux exploits ! Il faudra cependant attendre 2017, soit vingt-sept ans après la mise en service des LGV Paris-Le Mans/Tours pour que les LGV Le Mans-Rennes et Tours-Bordeaux soient mises en service.

Nous découvrons deux gares autrefois exploitées par la Région Sud-Ouest de la SNCF : Bordeaux et Hendaye, au Pays-Basque. Si la gare de Bordeaux a été modernisée plusieurs fois, Hendaye a aujourd'hui conservé sa superbe signalisation mécanique. © Collection Didier Janssoone (Bordeaux) et Damien Barreau (Hendaye)

Page suivante : France TGV était autrefois distribué dans tous les TGV et comprenait des pages spéciales au réseau desservi. © Collection Didier Janssoone

Double page suivante :
En haut à gauche : Vue sur la gare d'Arcachon.
Au milieu : Le balai nocturne des TGV en gare de Paris-Est.
En bas (et page de droite) : Bordeaux, le nouveau raccordement de la LGV. © Damien Barreau

FRANCE
tgv
PRENEZ LE TEMPS D'ALLER VITE
CHIEN-CHIEN BUSINESS
Rien n'est trop beau pour mon cabot
APRÈS L'AN NUL... L'AN COOL ?
20 bonnes raisons d'aimer 2001
CINÉMA
Le siècle de toutes les révolutions
OPERA PARIS
Parsifal
VINCENT CASSEL
Entre chien (fou) et loup (garou ?)
Ce magazine vous est offert par TGV Emportez-le !

Guide TGV - horaires et prix
Sud-Ouest
du 15 décembre 2002
au 14 juin 2003
SNCF
TGV
Prenez le temps d'aller vite

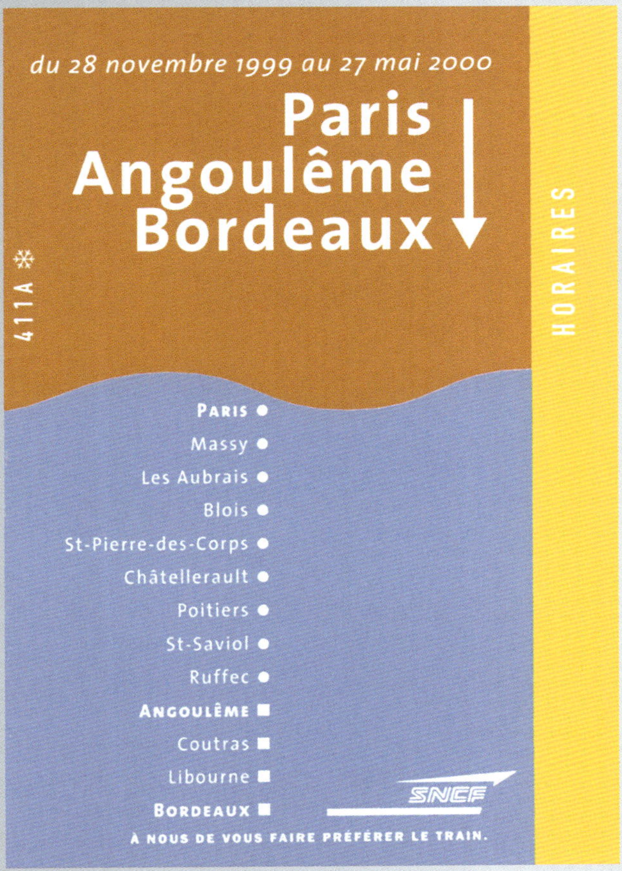
du 28 novembre 1999 au 27 mai 2000
Paris
Angoulême
Bordeaux
411A
HORAIRES
Paris
Massy
Les Aubrais
Blois
St-Pierre-des-Corps
Châtellerault
Poitiers
St-Saviol
Ruffec
Angoulême
Coutras
Libourne
Bordeaux
SNCF
À NOUS DE VOUS FAIRE PRÉFÉRER LE TRAIN.

guide TGV
Atlantique Sud-Ouest
horaires du 16 juin au 14 décembre 2002
prix au 16 juin 2002
SNCF
TGV
Prenez le temps d'aller vite

A

F
E
D

1500

6

LES RAMES TGV : DE L'ORANGE AU CARMILLON

Petites merveilles de technologie imaginées par une poignée d'ingénieurs visionnaires sur un coin de table de la direction générale SNCF – nous étions alors en 1967 et, déjà, la SNCF faisait circuler le célèbre Capitole Paris-Toulouse à 200 km/h –, les rames du TGV Sud-Est sont mises au point à partir du prototype TGV 001 par des passionnés de la traction électrique. Par la suite, une nombreuse descendance verra le jour et les TGV sortiront d'usine sous diverses formes pour pouvoir circuler un peu partout en Europe et même sous la Manche (Eurotunnel), permettant la mise en circulation de nombreux trains internationaux.

Les rames Sud-Est

L'acte de naissance officiel du Train à Grande Vitesse est signé en 1976, lorsque l'État concède à la SNCF la construction d'une ligne nouvelle entre Paris et Lyon. En 1976, la vapeur s'était éteinte définitivement depuis seulement deux ans.

Jean-Marie Metzler n'était pas parti de rien et disposait des résultats détaillés des très nombreuses marches d'essai effectuées sur les voies rectilignes des Landes et de la plaine d'Alsace, du TGS (prototype de turbotrain destiné aux lignes classiques), du TGV 001 construit par Alsthom-Belfort (pour en tester les structures) et de l'automotrice Zébulon (spécialement conçue pour tester les bogies et les moteurs électriques), car, depuis 1973 et la crise pétrolière, l'entreprise avait fait le (bon) choix d'un TGV électrique. Il s'attela à la tâche, assisté de sa garde rapprochée de techniciens et conducteurs d'essai – et le fruit de son excellent travail se concrétisa chez Alsthom le 28 juillet 1978 : Patrick et Sophie, les deux rames de présérie, qui serviraient à la mise au point définitive des quatre-vingt-sept autres rames, articulées et insécables (autre innovation de ce TGV).

Les rames Atlantique

Le TGV Sud-Est, peu "informatisé" et ressemblant par bien des aspects aux locomotives BB 7200 – sorties en même temps d'usine – fut suivi des rames Atlantique, légèrement plus longues et "truffées" d'informatique, rendant difficile leur mise au point (d'ailleurs, les premiers mois d'exploitation seront très difficiles, car il sera impossible des faire circuler en UM). Le lecteur pourra les découvrir en détail sur la double page suivante.

Les rames réseau

En descendance directe des rames Atlantique, elles seront beaucoup plus standardisées du point de vue commercial et seront destinées au TGV Nord, ainsi qu'aux interconnexions.

Les rames duplex

Devant le succès et le développement du trafic, le TGV – comme jadis les trains de banlieue – deviendront à impériale, c'est-à-dire à deux étages : commencera alors l'ère du TGV Duplex.

Les rames POS

Les dernières-nées… celles-ci viendront renforcer le parc en prévision de la mise en service du TGV Est. Ce sont malheureusement elles qui enverront les premières rames Sud-Est au cimetière des trains…

Le TGV du futur : un voyage longue distance plus écologique

Le futur TGV M, qui sera mis en service en 2024, dépensera environ 20 % d'énergie en moins, grâce à un aérodynamisme recalculé, à ses matériaux plus légers et à un système modulable par LED. Une rame pourra également transporter sept cent quarante voyageurs, chiffre plus important que les rames actuelles, ce qui permettra de mieux rentabiliser les sillons utilisés et fera baisser de 32 % les émissions de CO_2 par voyageur.

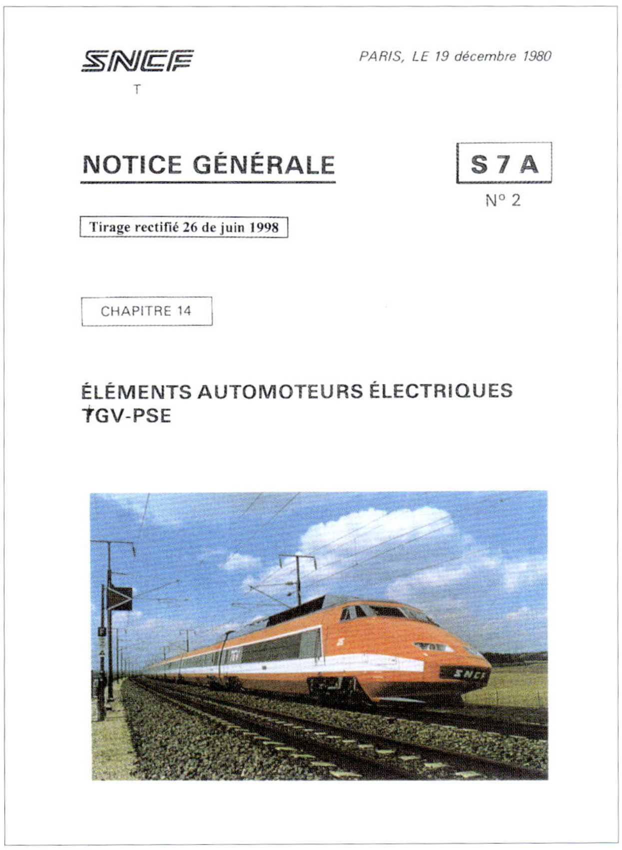
SNCF
T
PARIS, LE 19 décembre 1980

NOTICE GÉNÉRALE

S 7 A
N° 2

Tirage rectifié 26 de juin 1998

CHAPITRE 14

ÉLÉMENTS AUTOMOTEURS ÉLECTRIQUES TGV-PSE

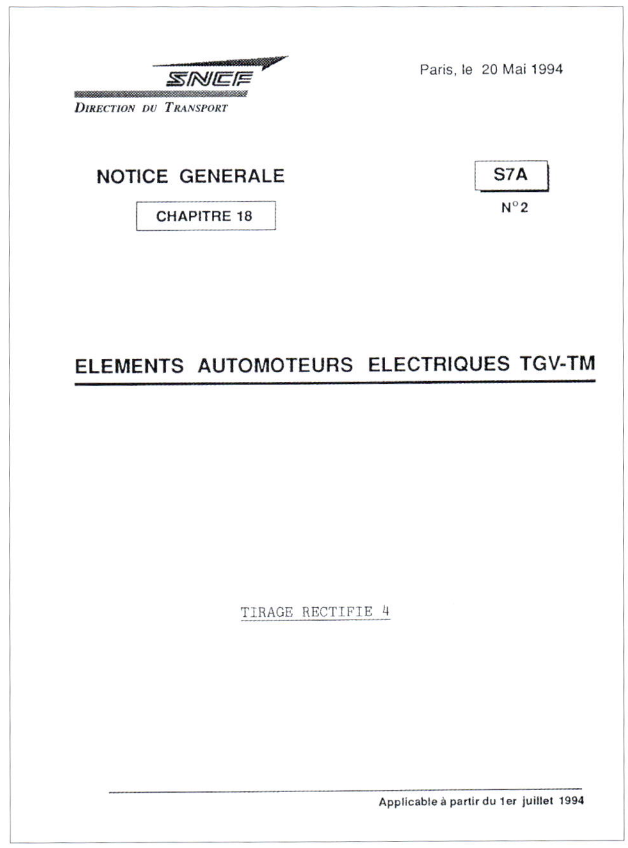
SNCF
DIRECTION DU TRANSPORT
Paris, le 20 Mai 1994

NOTICE GENERALE

CHAPITRE 18

S7A
N°2

ELEMENTS AUTOMOTEURS ELECTRIQUES TGV-TM

TIRAGE RECTIFIE 4

Applicable à partir du 1er juillet 1994

Comme toute automobile possède sa notice technique, chaque TGV dispose de la sienne. © Collection Didier Janssoone

Les différences de motorisation entre les différentes générations de rames TGV

Moteur	Courant continu	Synchrone	Asynchrone
Période	1978	1988	Depuis 1998
Rame	TGV Sud-Est	TGV Atlantique	TGV Duplex Pos
Avantages	Débuts de la technologie à grande vitesse. La technologie du moteur à CC était alors parfaitement maitrisée.	Le moteur synchrone donnant toutes satisfactions sur les nouvelles locomotives SYBIC, son adaptation au TGV avait été validée.	Pouvoir rendre le TGV interopérable et exporter cette technologie nécessitait d'utiliser le moteur asynchrone très utilisé sur d'autres réseaux.

En 1981, le TGV Sud-Est représentait la phase la plus avancée de techniques déjà connues et éprouvées. Aujourd'hui avec le TGV Atlantique, la SNCF réalise un véritable saut technologique.

TRACTION ET FREINAGE

Grâce aux moteurs synchrones autopilotés, le TGV A bénéficie d'un gain de puissance de près de 40 % par rapport au TGV Sud-Est. Cette puissance est parfaitement maîtrisée par un nouveau système de freinage muni d'un automatisme évitant le blocage des essieux.

SUSPENSION

La nouvelle suspension pneumatique permet de voyager à 300 km/h, aussi confortablement que dans un Corail à 160 km/h. Le TGV Sud-Est en est d'ailleurs progressivement équipé.

INFORMATIQUE

Tout en accroissant la sécurité et la disponibilité des rames, un réseau de micro-ordinateurs répartis à travers le train fournit en temps réel au conducteur, aux agents d'accompagnement et au centre de contrôle au sol toutes les informations nécessaires à un parfait fonctionnement.

Toutes ces innovations améliorent non seulement les performances du TGV Atlantique mais aussi son confort...

CONFORT

La conception assistée par
teur (CAO) a permis non seu
d'augmenter l'espace offe
voyageurs mais également
proposer des sièges anti-vi
Associés à la nouvelle sus
pneumatique ces éléments
une qualité de confort inéga

TGV *atlantique*

300 Km/h
485 places assises
10 voitures
longueur totale
de la rame 237 m 60

- *Puissance continue de la rame sous courant 25 000 volts : 8 800 kw (12 000 chevaux).*
- *Quatre bogies moteurs.*
- *Moteurs synchrones autopilotés permettant une mise en oeuvre du freinage électrique de sécurité même en l'absence de tension en ligne.*

- *Suspension primaire optimale obtenue par un système à ressort métallique qui supprime toute rigidité verticale.*
- *Suspension secondaire de type pneumatique SR10 dont les secrets sont une nouvelle conception des systèmes amortisseurs, associée à l'utilisation d'une membrane à flexibilité variable.*

- *Réseau de micro-ordinateurs permettant la transmission immédiate d'informations entre le centre de contrôle au sol (P.A.R.) et l'informatique embarquée à bord du TGV.*
- *Automatisation de la quasi-totalité des opérations de vérification avant départ.*
- *Surveillance permanente des fonctions vitales du train, pour une sécurité accrue.*

- *Climatisation silencieuse pe*
deux régimes de ventilation su
conditions climatiques extérieu
- *Circulation facilitée à travers*
grâce à la suppresson des po
tercirculation entre les voitures

1.2.3.4.5. Passage de la rame à la vitesse de 100 mètres/seconde.

6. Cabine de conduite du TGV A

7. TGV A en cours de construction à La Rochelle

8. TGV A en cours de construction à Belfort.

9. Bogie Y 237 avec la suspension pneumatique SR10

10. Frein à disques du TGV A

11. Voiture coach de 2ème classe.

12. Voiture-bar

13. Voiture de 1ère classe : salon vidéo

14. Voiture coach de 1ère classe

15. Voiture de 1ère classe : espace club

16. Vue aérienne de la gare Montparnasse.

17. Viaduc sur la Loire près de Tours.

18. Vue intérieure du tunnel de Villejust en cours de construction

19. Pose de la voie du TGV A en Eure-et-Loir.

20. Maquette de la future gare de Vendôme.

…VICES

…les caractéristiques du TGV A … proposer des services capa… … satisfaire l'essentiel des de… …s : une voiture entièrement …gée en bar détente, une bou… …une nurserie et des cabines …niques.

ESPACES

La diversification des espaces à l'intérieur de la rame répond au souci de s'adapter aux besoins des différentes clientèles : salles de type coach, petits salons, espace enfants, espaces familles, etc...

Des espaces adaptés aux besoins de chacun, une capacité de 485 places assises (116 places en 1ère classe et 369 en 2ème) concrétisent l'ambition commerciale de la SNCF.

DESSERTE

Le réseau du TGV Atlantique s'étend de Brest à Hendaye, une zone qui regroupe 25 millions d'habitants. **La desserte de la ligne nouvelle**, compatible avec le réseau ferré Ouest et Sud-Ouest **sera assurée à partir de la gare Montparnasse** (voir carte en dernière page).

AVENIR

Le système TGV continue à s'étendre avec la mise en service en 1993 du TGV Nord. La construction d'une ligne à grande vitesse d'interconnexion débutera en 1991. Elle reliera l'ensemble des réseaux TGV et permettra de nouvelles liaisons interrégionales contournant Paris.

…lle offre de restauration propo… …le Groupe SERVAIR :
…servis à la place en 1ère classe …s formules au choix).
…ente ouvert sur tout le parcours à …ble des voyageurs avec de nou… …roduits.

- *Petites salles destinées aux familles dans deux voitures contiguës offrant quatre demi-compartiments de quatre places chacun à proximité d'une nurserie.*
- *Compartiment de dix-sept sièges relevables adapté aux enfants.*

- *24 septembre 1989 : mise en service de la branche Ouest du TGV A ; PARIS - NANTES, et PARIS - RENNES, BREST.*
- *septembre 1990 : mise en service de la branche Sud-Ouest ; PARIS - BORDEAUX et desserte du sud de BORDEAUX.*
- *Eté 1992 : desserte de PARIS - QUIMPER par le TGV A.*
- *Hiver 1993 : desserte de PARIS - LA ROCHELLE par le TGV A.*

- *Eté 1991 : début de l'interconnexion entre les réseaux TGV Sud-Est et Atlantique.*
- *Eté 1993 : mise en service du TGV Nord.*
- *Eté 1994 : interconnexion entre les trois TGV (Sud-Est, Atlantique et Nord).*

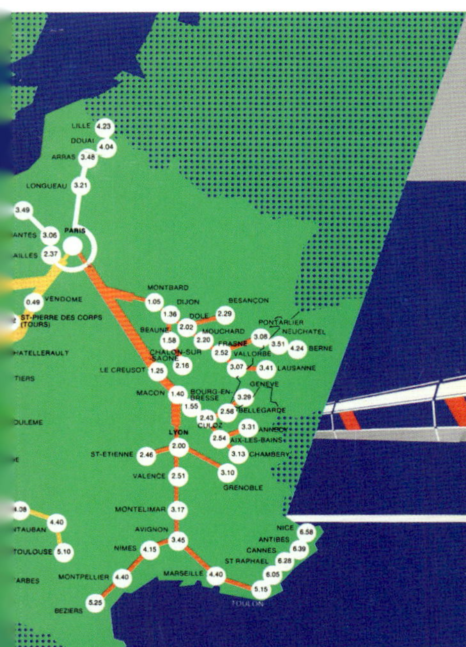

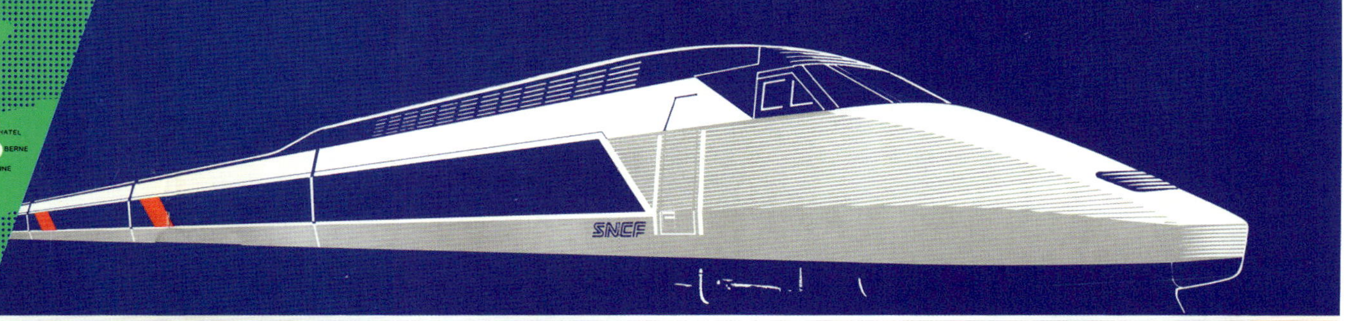

TGV

SNCF

Direction de la Communication
75439 Paris Cedex 09
CO 89/03 - Janvier 1989
RCS Paris B, 552049447
Photos : Centre audiovisuel SNCF
Conception maquette : R. Tallon - ADSA
Réalisation : PMI - Tél : 42.45.18.18

7

UNE INFRASTRUCTURE ADAPTÉE AUX GRANDES VITESSES

Construire une LGV ressemble finalement aux méthodes de construction des lignes de chemin de fer en 1830 : il faut percer des tunnels, lancer des ponts, poser des rails et des traverses. Une seule différence, mais de taille : la vitesse des trains, soit 30 km/h en 1830 et 300 km/h aujourd'hui !
Comment faire circuler ces bolides à grande vitesse ? Qui dit grande vitesse dit voie ferrée adaptée à la grande vitesse. Aujourd'hui, si faire circuler un train à 320 km/h sur une voie de chemin de fer est devenu chose banale, la qualité de la voie ferrée y est pour beaucoup.

L'infrastructure ferroviaire

L'infrastructure regroupe les bâtiments (gares, dépôts, ateliers...), les ouvrages d'art (ponts, viaducs, tunnels...), les passages à niveau, les installations de transport de distribution de l'énergie de traction électrique (sous-stations, feeders, caténaires...) et l'ensemble des équipements fixes nécessaires à la circulation des trains : la plate-forme sur laquelle est posée la voie ferrée qui les guide (rails, traverses, ballast), les appareils de voie (aiguilles, croisements et traversées-jonction) qui leur permettent de changer de voie ou de bifurquer sur une autre ligne ; les équipements de signalisation ferroviaire fixes ou en cabine de conduite (panneaux lumineux, signaux mécaniques, tableaux indicateurs de vitesse...) qui donnent des instructions aux conducteurs ; les systèmes de communication entre les exploitants et les roulants (radio sol-train, télécommunications).
La première LGV mobilise toutes les connaissances de l'époque en matière de voie ferrée : la barre longue et les traverses en béton utilisées plus massivement depuis les années 1960. Une innovation est cependant développée : l'aiguille à cœur mobile franchissable à 220 km/h en déviation.

Comment changer de voie à grande vitesse ? Les aiguillages à cœur mobile

Les voies ferrées, comme les chemins et les routes, ont leurs fourches et leurs carrefours. Lors de la création des premières lignes de chemin de fer, les choix initiaux dans le domaine de la voie étaient, comme pour la signalisation, dictés par l'expérience britannique (qu'il s'agisse de l'écartement fixé à 1,437 m, de la forme des rails ou, encore, des systèmes de changement de voie plus connus aujourd'hui sous le terme technique d'"appareils de voie").
Les appareils de voie figurent parmi les plus anciennes inventions du chemin de fer, invention britannique également, car, dès 1793, les Anglais John Curr et Jessop réalisèrent les premiers réseaux ferrés comportant des branchements et des traversées (comparativement à la route, le branchement étant la fourche et la traversée étant le carrefour).
Revenons en France. Les premières gares furent équipées de deux systèmes permettant à une locomotive ou à un wagon de changer de voie :

- L'appareil de changement de voie (sur le réseau du Midi) ou d'aiguillage (sur les autres réseaux) constitué de deux aiguilles en acier au tracé standard ;
- La plaque tournante.

Les plaques tournantes furent implantées dans les gares terminus et dans les dépôts. On les trouvait également sur chaque voie dite principale où elles pouvaient être franchies par les trains sans arrêt. Elles permettaient de faire passer d'une voie sur une autre un véhicule isolé, mû à bras d'homme ou par des chevaux. Elles étaient formées d'un plateau fixe placé dans une fosse, sur lequel pivotait un plateau mobile portant un coupon de voie. Des galets de roulement assuraient la stabilité de l'ensemble. Deux plaques tournantes côte à côte étaient nécessaires pour passer d'une voie sur l'autre.
Si l'aiguillage fit une longue carrière ferroviaire, le système de la plaque tournante fut abandonné vers 1860 du fait de

Effectuons une petite visite sur le chantier du TGV Sud-Europe près de Bordeaux. Si la voie ferrée est "classique", l'appareil de voie à "cœur mobile" l'est moins. Mis au point dans les Landes en 1972, il permet à un TGV de bifurquer en toute sécurité : ses roues étant constamment guidées par le rail. © Collection Damien Barreau

l'élévation des vitesses (seuls les dépôts conservaient ce principe technique jusqu'à nos jours). Dans les grandes gares terminus, il fut parfois remplacé par un chariot transbordeur se déplaçant au niveau des rails et laissant intactes les voies parallèles (ce système disparaîtrait également, remplacé par des branchements entre deux voies).
Par la suite, les modèles d'appareil de voie se multiplièrent pour s'adapter aux besoins de l'exploitation, soit pouvoir faire circuler simultanément un maximum de trains dans une même zone, permettre de nombreuses manœuvres et utiliser au mieux l'espace parfois très modeste concédé au chemin de fer. En vue de s'adapter aux contraintes topographiques, les ingénieurs du MIDI, du PLM ou du PO mirent au point des aiguillages complexes à trois, quatre ou cinq directions, tandis que d'autres réfléchissaient à la mise au point de nouveaux types d'appareils : la traversée oblique ordinaire, la traversée d'équerre et, plus spectaculaire et performante, la traversée jonction offrant de multiples combinaisons et permettant d'améliorer la productivité du plan de voie d'une gare.

Les raccordements pour desservir le cœur des villes

Le TGV est un train "comme les autres", c'est-à-dire qu'il a vocation à desservir le cœur des villes. Pour ce faire, comme sur les autoroutes, il faut prévoir des bretelles de raccordement avec les lignes classiques. Une fois la bifurcation franchie, le TGV effectue son parcours terminal en ligne classique, les lignes à deux voies constituant, bien évidemment, la majorité des lignes du RFN. Mais il pourra très bien terminer son parcours sur une ligne à voie unique. De la vitesse plafond de la ligne (100, 140, 160, 220 km/h) découlera bien souvent le taux d'équipement en signaux d'espacement (ainsi que le mode de cantonnement automatique ou manuel) et, nécessairement, le régime d'exploitation appliqué sur celle-ci.
Le régime de la "voie banalisée" est appliqué sur de nombreuses lignes à très fort trafic (comme, par exemple, les LGV ou l'axe classique Montbard-Dijon) où des investissements techniques encore plus lourds ont été effectués pour permettre à un train de circuler indifféremment sur l'une ou l'autre voie (dans les deux sens de circulation). La signalisation est donc très présente et dense, le BAL régnant sur les lignes classiques et dans les gares.
Le régime de la "double voie" est appliqué sur les lignes à trafic moyen. Sur ces lignes, chaque voie est réservée à un sens de circulation permettant ainsi d'éliminer radicalement le risque du nez-à-nez entre deux trains. La signalisation dépend alors bien souvent du mode de cantonnement appliqué en ligne et à la traversée des gares, ainsi que des investissements consentis pour pouvoir circuler à contre-sens, à l'aide d'IPCS ou sous le régime de la VUT avec ses lourdes procédures de mise en place et ses signaux à main.

À quelle vitesse peut-on franchir une aiguille ?

Il existe des aiguilles pouvant être franchies en voie déviée à 30, 40, 60, 90, 120, 160 et 220 km/h, selon le type de ligne (classique ou à grande vitesse) ou de voie (voie principale ou de service). Elles sont ainsi référencées par la tangente de la branche déviée.
Jusqu'à 40 km/h maximum, une aiguille peut, en pointe, être franchie sans contrainte mécanique particulière. Au-delà, qu'elle soit prise en pointe ou en talon, il faut immobiliser, par mesure de sécurité, les lames dans la direction voulue par l'aiguilleur (les "verrouiller" en terminologie ferroviaire).
C'est pour cela que, pour éviter le "chariotage" (translation latérale des lames d'aiguilles) la plupart des aiguilles sont équipées d'un mécanisme de calage (jusqu'à 40 km/h) et de verrouillage au-delà, autorisant le passage en vitesse lorsqu'elles sont prises en pointe. La lame est alors appliquée au rail extérieur à l'aide d'une sorte de serre-joint à commande électrique ou mécanique : le verrou indépendant ou le VCC (verrou carter coussinet).
Pour les LGV, la présence de cœurs mobiles impose la pose de verrous adaptés.

Gare du Buisson (Dordogne). Aiguille de sortie de VUT franchissable à 30 km
© Collection Damien Barreau

Les différences de performances entre la traction à courant continu et alternatif

	Courant continu	Courant alternatif
Arrivée à la sous/station	Courant triphasé 50 Hz puis conversion en courant continu	Abaissement de la tension depuis le réseau haute tension
Départ de la sous/station	1 500 V CC	25 000 V 50 Hz
Retour à la sous/station	Via le rail, isolé de la terre	Via le rail, mis à la terre
Écart moyen entre 2 sous/stations	10 à 15 km	50 à 75 km

La propulsion des TGV : la chaîne de distribution du courant électrique

Si la sécurité à 300 km/h vient de la voie et de ses équipements, la performance du TGV vient de la traction électrique. Il existe historiquement, nous l'avons vu, deux tensions nominales : le 1,5 kV CC et le 25 kV monophasé 50 Hz. Sauf cas très particulier (raccordements ligne conventionnelle/LGV), l'ensemble des infrastructures à grande vitesse ont été électrifiées en 25 kV. Pourquoi ? Essentiellement pour des raisons de performances à grande vitesse et de coût des installations fixes rendues nécessaires par les chutes de tensions en ligne atteignant parfois 500 V au point le plus éloigné d'une sous-station dont il faut tenir compte dans les études.

Plus la tension nominale sera élevée, plus une chute de tension d'environ 500 V restera supportable : sur une ligne alimentée en 25 000 V, il restera encore 24 500 V dans la caténaire, tandis qu'en 1 500 V il ne restera plus que 1 000 V dans celle-ci. C'est ainsi que, pour que la chute de tension en ligne reste à un niveau acceptable, la caténaire devra être régulièrement alimentée par des sous-stations (10 à 15 km, pour une ligne à deux voies électrifiées à 1,5 kV contre 50 à 75 km en 25 kV). D'où des coûts bien plus élevés pour une performance moindre à grande vitesse.

Vue plongeante sur un pantographe de TGV en gare de Lille. © Collection Damien Barreau

Les caténaires aériennes

Le TGV a failli être thermique, propulsé au moyen d'une fort bruyante turbine à gaz. La crise pétrolière de 1973 permit néanmoins de prendre la sage décision de le rendre électrique… et très écologique avant l'heure. Gageons qu'il n'aurait pas eu un tel succès s'il avait été thermique. Ceux qui ont connu les RTG s'en souviennent, c'était bruyant et polluant. On ne s'entendait plus sur le quai quand un turbotrain passait !
La caténaire délivre une tension monophasée de 25 000 V 50 Hz en ligne nouvelle. Selon les régions, des sections de séparation 1 500 V/25 000 V sont prévues pour raccorder la LGV à la ligne classique.

Nous sommes à nouveau sur le chantier du TGV Sud-Europe, près de Bordeaux. Nous pouvons découvrir la signalisation fixe spécifique à la traction électrique implantée au niveau de la section de séparation.
© Collection Damien Barreau

2016 : le raccordement de la LGV Tours-Bordeaux avec la ligne classique est en pleine construction vers 2016. La signalisation latérale lumineuse est déjà en place.
© Collection Damien Barreau

Elles ont traversé les époques, les curieuses ogives de la Compagnie du Midi

Prenons le TGV à Paris-Montparnasse pour effectuer un voyage jusqu'à Bayonne. Si la caténaire est totalement neuve sur la LGV (Ligne à Grande Vitesse), nous apercevrons encore ici ou là, en passant à l'ancienne gare d'Ouest-Ceinture puis à l'approche de Bordeaux-Saint-Jean, quelques vestiges des supports de caténaire en "treillis" posés par le réseau de l'ÉTAT et la Compagnie du PO-MIDI vers 1936, lors des électrifications conjointes Paris-Le Mans et Tours-Bordeaux lancées pour lutter contre le chômage.
Une fois passé Bordeaux, changement total de décor, le TGV s'engouffre jusqu'au Boucau, près de Bayonne, sous une surprenante cathédrale d'ogives supportant la caténaire…
Dès 1924, la Compagnie du Midi, lançant son grand programme d'électrification, choisit d'innover esthétiquement et couvrit d'"ogives Midi" certaines des lignes de son vaste réseau, dont son artère à double voie Bordeaux-Hendaye.
Si la section Bayonne-Hendaye, à cause de l'air salin ayant prématurément oxydé les ogives, a dû progressivement être réélectrifiée dès 1980 à l'aide de supports unifiés type SNCF, ceux des Landes et de sa belle forêt, beaucoup plus sèche, devraient rester en service encore de nombreuses années et continuer à nous rappeler l'ambiance Midi des années 1930.

8
30
Z
30
Z
V
V

DANS LES COULISSES DU TRAFIC TGV

Nous allons maintenant partir à leur découverte, en faisant un trajet devenu très banal et rapide grâce au TGV : aller déjeuner le dimanche midi dans un bouchon lyonnais (ou sur la Canebière à Marseille) lorsque l'on est parisien, et remonter sans stress, tranquillement, en fin de soirée…

La mise en circulation d'un TGV

Un des grands atouts du ferroviaire est sa faculté de pouvoir mettre de multiples trains en circulation en annonçant à l'avance – à la minute près – l'heure de départ et d'arrivée de chaque train. Tout ceci ne s'improvise pas et nécessite une organisation sans faille. Pour pouvoir être mis à la disposition de la clientèle (voyageurs ou chargeurs), partir et arriver à destination à l'heure en ayant circulé sur l'infrastructure ferroviaire, les trains doivent être programmés, vérifiés techniquement et préparés commercialement. La production ferroviaire repose donc sur une vaste organisation structurée permettant de tenir les horaires annoncés à la clientèle ; pour y arriver, il faut définir des “sillons” horaires compatibles avec les caractéristiques des lignes empruntées, organiser la préparation technique des trains et prévoir un conducteur, gérer le trafic de façon opérationnelle et se donner les moyens de remédier aux inévitables aléas (comme les pannes de locomotive, les défauts d'alimentation électrique des caténaires ou les intempéries).

Ils vous conduisent à bon port : conducteurs et ASCT

Notre voyage en train débute donc vers 8 heures en gare de Paris-Gare-de-Lyon, située dans le XIIe arrondissement. Entrons dans la célèbre salle Méditerranée.

Mis à quai après avoir été préparé pour accueillir la clientèle, notre TGV vient d'être affiché par l'escale. La “préparation” d'un TGV regroupe tout un ensemble d'opérations techniques ayant lieu sur une rame entre deux circulations commerciales : acheminement au chantier de préparation, maintenance, manœuvres de formation, nettoyage, agencement, préchauffage. Ces opérations sont conjointement assurées par les établissements de maintenance du matériel roulant ainsi que par les escales en gare (appartenant à la branche Voyages). Derrière le balai des trains des grandes gares se cache donc une intense activité en coulisse, activité exercée sur les chantiers de formation des trains. Dans ces vastes complexes ferroviaires, on trie, on manœuvre, on prépare, on lave les voitures voyageurs ou les TGV qui seront mis à la disposition des voyageurs. Découvrons maintenant quelques métiers très techniques pouvant être exercés en gare ou sur un site spécialisé.

Allons sur le quai qui nous a été indiqué et cherchons notre voiture. En remontant le quai, nous apercevrons peut-être des agents casqués circulant en segway : les accrocheurs-coupeurs, chargés de l'attelage et du dételage des locomotives des trains classiques, car il en circule encore beaucoup sur le réseau. Nous apercevrons aussi un agent coiffé d'une casquette blanche : le chef de quai ou de service qui, seul, est habilité à autoriser le départ de notre TGV.

Le chef de service donne le signal de départ au conducteur ou au contrôleur après s'être assuré de la conformité technique du train, notamment de ses capacités de freinage en ligne. Il est en contact direct avec le poste d'aiguillage, poste susceptible de le faire intervenir lors d'une procédure technique de sécurité, ainsi qu'avec les agents commerciaux de l'escale, qui ne l'autoriseront à faire partir le train que si celui-ci est “commercialement” conforme à ce qui est prévu.

Vitre fissurée, problème technique lors des essais de freinage, chauffage ou éclairage défectueux au moment du départ ? Le chef d'escale fait alors appel au pompier volant : le dépanneur. Cet agent de maintenance du matériel roulant possède

Si, compte-tenu de la vitesse des TGV, les lignes à grande vitesse ne sont pas équipées de signaux latéraux (les indications étant transmises directement en cabine), il existe cependant des pancartes "repères" délimitant les cantons d'espacement. En revanche, comme sur les lignes "classiques", les conducteurs disposent de documents horaires leur indiquant les heures de passage. © RGCF/Christophe Recoura (photo) et Didier Janssoone (document horaire)

SERVICE AU 15/12/2002 PAGE 5 4703⁻ 1
APPLICABLE LE 15/12/2002
VALABLE DU 15/12/2002 TARBES-DAX VOYAGEURS
AU 14/06/2003
EDITION DU 06/11/2002 DEFINITIF

	(2) [1] 4147 GLA V160 (1) 7200 400T	(4) 867721 RBB AUTOM (3) Z7300	(6) 14147 GLA V160 (5) 7200 400T	867747 RBB V160 DF (7) 9200 300T	(8-9) 872711 RBT V160 SF SA 9200 500T	(8) [1] 872711 RBB V160 VE DF (11) 9200 500T	872725 RBT V160 9200 600T	[1] 872725 RBB V160 VE DI (11) 9200 600T	4051 GLB V140 9200 700T	8591 GLA AUTOM (14) TGVAT
SUITE FASCICULE	4702		4702		4702	4703	4702	4703		
TARBES........................	4147 (V1) (17 53+) 55	(VE / V1) 18 12	(V1) (18 29+) 31	(VA / V1) 18 38	(V1) (18 56+) 59	872711	(VA / V1) (21 39) 41 +	872725	(VA / V1) 22 14	(VA / V1) 22 40
OSSUN...................D PL	18 01	18 18 +	18 36 +	18 44	19 05		21 48		22 21	22 46
LOURDES.......................	18 08 + 10	18 26 28	18 44 45 +	18 51 + 53 +	19 13 + 15		21 55 + 57 +		22 29 32	22 54 58 +
ST PE...................D PL	18 17 +	18 35 +	18 53	19 01	19 23		22 05 +		22 40	23 09 +
COARRAZE NAY..................	18 24	18 42 + 43 +	19 00	19 08 + 10 +	19 30 + 32		(12) 22 13 14		22 47	23 16 +
ASSAT...................D PL	18 29	18 49	19 04 +	19 16	19 37 +		22 19 +		22 52	23 21
		SF DF			RBB VE DF (10)		RBB VE DF (13)			
PAU...........................	18 33 + 35 +	18 53 + 55 +	19 09 11	19 20 + 22 +	19 42 44	(V1) (19 42) 44	22 24 27	(V1) (22 24) 27	22 57 23 02	23 25 + 29 +
LESCAR........................	18 41	19 00	19 16 +	19 28	19 50	19 50	22 33 +	22 33 +	23 08	23 34 +
ARTIX.........................	18 48 +	19 08 09	19 23	19 36 37 +	19 57 +	19 57 +	22 42 43	22 42 43	23 14 +	23 41 +
LACQ..........................	18 51 +	19 12 +	19 25 +	19 41	20 00	20 00	22 46 +	22 46 +	23 17	23 44
ORTHEZ........................	19 00	19 20 + 22	19 34 +	19 50 52	20 08 + 09 +	20 09 + 10 +	22 55 + 57	22 55 + 57	23 26 + 28 +	23 52 + 55 +
PUYOO.........................	19 08	19 32 33	(V5 / VU) 19 44 PASS.	20 01 + 03 +	(V5 / VU) 20 20 (21)	20 22 24	(V5 / VU) 23 08 (09)	23 08 09	23 38	0 04 +
MISSON HABAS..................	19 13	19 38		20 10		20 30		23 15	23 43 +	0 10 +
MIMBASTE......................	19 17 +	19 42		20 14		20 34		23 19 +	23 48	0 15
DAX...........................	(V3) 19 25 S (45)	(V2) 19 50 POUR 867740		(V2) 20 22		(V3) 20 41 S(21 01)		(V4) 23 27	(V3) 23 56 (0 12) 4050	(V2) 0 22 POUR 8582
SUITE FASCICULE	4109		4704		4704	4109	4704		4108	

(1) DU 06/01 AU 21/03/03
(2) DE TARBES BV A PAU BV :- A CODIFIER RBT : TOUS LES JOURS SAUF LES VE
(3) SF DF JUSQU'AU 22/03/03;VE SA A PARTIR DU 28/03/03 (NE CIRCULE PAS 02,09,30/05/03) CIRCULE 30/04,07,28/05/03
(4) TRAIN DESIGNE V160 S'IL EST REMPLACE PAR UN TRAIN ORDINAIRE (9200/300T)
(5) CIRCULE 29/03/03
(6) JUSQU'A PAU BV : - A CODIFIER RBT
(7) (NE CIRCULE PAS 20/04,08/06/03)
(8) TRAIN DESIGNE AR140 S'IL EST ASSURE AVEC RAME REVERSIBLE : 8500/4VOI
(9) DE TARBES BV A PAU BV :- A CODIFIER RBB LES DF
(10) JUSQU'AU 05/01 A PARTIR DU 23/03/03 CIRCULE 30/04,07,28/05/03
(11) DU 10/01 AU 21/03/03
(12) POINT D'ARRET REPERE PAR UN SIGNAL D'ARRET A MAIN LES VE - 02,09,30/05 + 30/04,07,28/05
(13) JUSQU'AU 05/01 A PARTIR DU 23/03/03 (NE CIRCULE PAS 02,09,30/05/03) CIRCULE 30/04,07,28/05/03
(14) VE DI (NE CIRCULE PAS 02,09,30/05,08/06/03) CIRCULE 21,30/04,07,28/05,09/06/03;FAC 08/06/03

de nombreuses compétences (mécaniques, électriques, pneumatiques…) et c'est lui qui décidera si une voiture-couchettes, une voiture Téoz ou une rame TGV peuvent partir en ligne avec ses voyageurs.
Les ASCT veillent au confort des voyageurs, à leur sécurité et au bon déroulement de leur voyage. Ils assurent la fermeture automatique des portes, diffusent l'annonce de bienvenue et annoncent les arrêts. En cas de retard prévisible, ils recensent les voyageurs risquant de manquer une correspondance et leur proposent une solution en liaison avec les escales du parcours (avec lesquelles ils sont en relation).

Contrôleur

Le contrôleur est en fait un ASCT (agent du service commercial train) qui a suivi une formation interne et qualifiante à la SNCF. Assermenté, il est chargé du contrôle (et de la vente à bord) des titres de transport ainsi que de la sécurité des voyageurs. À ce titre, il assiste le conducteur lors d'un incident immobilisant le train – visite du train et réarmement du signal d'alarme, par exemple –, gère les déplacements des voyageurs en cas de transbordement (changement de rame ou de voiture) et règle la multitude d'événements heureux (naissance) ou malheureux (malaise d'un voyageur) pouvant survenir pendant un long trajet. Il surveille également le bon fonctionnement des équipements de son train (chauffage ou climatisation) et prend les décisions utiles lors d'une avarie technique susceptible de perturber le bon déroulement du voyage. Enfin, il peut, sur demande du conducteur, le rejoindre en cabine de conduite si sa présence est indispensable (en cas de panne du dispositif de veille automatique supervisant l'action du conducteur).
Seul, en tête de son train, le conducteur, après avoir pris son service et vérifié le bon fonctionnement de sa rame, va vous conduire à bon port en réglant sa vitesse en fonction de sa connaissance précise des sections de ligne qu'il va emprunter, permettant ainsi d'économiser de l'énergie en roulant parfois "sur l'erre", c'est-à-dire courant de traction coupé. Jusqu'à Lyon-Part-Dieu, il circulera à 140 km/h en banlieue parisienne, à 300 km/h sur ligne nouvelle, puis de nouveau à 140 km/h en banlieue lyonnaise, le tout selon les possibilités techniques de la rame TGV et de la signalisation ferroviaire (par panneaux lumineux en banlieue et directement selon instructions en cabine en ligne nouvelle).
Notre TGV circule maintenant dans l'enchevêtrement des aiguillages de l'avant-gare. Bien sûr, Paris-Gare-de-Lyon est une gare très importante et nous apercevrons sans doute d'autres trains en train de circuler simultanément. Comment font-ils pour ne pas se (et nous) télescoper ? Grâce, essentiellement, à la signalisation ferroviaire.
Une fois entré en LGV, le TGV accélère et circule à 300 km/h en vitesse de pointe. Le conducteur n'observera plus la signalisation latérale classique, mais une signalisation embarquée en cabine de conduite. Celle-ci affiche en permanence le taux de vitesse à respecter, ce taux étant annoncé en avant du point d'exécution.
Outre le respect de la signalisation et des limitations de vitesse, le conducteur doit aussi s'efforcer de "faire l'heure" dans chaque gare. La circulation des trains, qu'ils soient de voyageurs ou de marchandises, fait l'objet d'un programme préalable, étudié par les "horairistes" de SNCF Réseau et qui détermine une "marche type" pour chaque TGV : le parcours, le nombre de rames (US ou UM), les gares à desservir et l'horaire à la minute près. Ce programme est naturellement calculé pour que les trains classiques (Corail, TER ou marchandises) ne gênent pas les TGV les plus rapides au niveau des raccordements avec les lignes conventionnelles, et pour permettre éventuellement de résorber un retard raisonnable en faisant circuler à la vitesse limite… tout en respectant la signalisation !

Ils veillent pour que tout se passe bien : aiguilleurs et régulateurs

Les voies ferrées, comme les chemins, les rues, les routes et les autoroutes, ont leurs intersections, leurs carrefours, leurs bretelles, leurs bifurcations et leurs "feux" de signalisation positionnés pour empêcher deux trains de se rattraper ou d'entrer en collision. Allez dans votre gare et observez l'environnement visible depuis les quais. Au-dessus des voies, des feux de signalisation, comme à un carrefour, s'allument ou s'éteignent et transmettent des ordres de marche aux agents de conduite des trains. Quelle est leur signification ?

- Le feu vert : le conducteur est autorisé à poursuivre sa marche sans dépasser la vitesse limite de la section de ligne.
- Le feu jaune : il doit abaisser "progressivement" sa vitesse car le prochain feu qu'il rencontrera, environ 1 500 mètres plus loin, sera rouge (pourquoi 1 500 mètres ? Parce qu'un train met beaucoup plus de temps qu'une automobile pour s'arrêter devant un feu rouge. À 90 km/h, par exemple, 800 mètres lui seront nécessaires contre 70 mètres pour une automobile.
- Le feu rouge : il devra s'arrêter, puis pourra redémarrer à très faible vitesse, sachant qu'il circulera ensuite très près du train roulant devant lui (train qu'il ne faudra pas venir heurter si celui-ci s'arrête).
- Deux feux rouges : ce sera l'arrêt immédiat et définitif pour laisser passer un autre train (toujours comme à un carrefour pour éviter une collision).

Seule différence notable avec la route, le train est guidé par les rails et circule sur des voies. Il passe de l'une à l'autre à l'aide d'un aiguillage, après avoir été avisé, par la présence de deux feux jaunes, qu'il devra circuler à vitesse réduite.

Que ce soit à Paris-Est (en haut) ou à Paris-Gare-de-Lyon (en bas), la signalisation ferroviaire est un monde tout en couleurs.
© RGCF/Christophe Recoura

Les aiguillages et les signaux d'une gare sont commandés par des agents dépendant de SNCF Réseau, regroupés dans une cabine : le poste d'aiguillage. Celui-ci est un lieu de travail où sont réunis les nombreux dispositifs nécessaires à l'aiguillage des circulations ferroviaires. Qu'il soit électro-mécanique (avec des leviers), électrique (avec des boutons-poussoirs) ou informatisé, son bon fonctionnement est vital pour gérer convenablement la circulation des trains et garantir que le trafic se fera en toute sécurité.

Le poste d'aiguillage est donc à la gare ce que la tour de contrôle est à l'aéroport.

Les postes d'aiguillage gèrent le balai des 12 000 trains qui sillonnent quotidiennement le réseau, ainsi que les manœuvres qui s'y effectuent (mise à quai des rames, mise en tête des locomotives...). Il y en a généralement un seul, dit poste central, si sa technologie est très moderne, ou plusieurs si l'on se trouve dans une gare équipée de postes de conception beaucoup plus ancienne. Si les postes de technologie ancienne sont bien visibles, comme celui de la gare de Lyon, les plus modernes dont les commandes sont miniaturisées à l'extrême sont logés dans des bâtiments anonymes, voire dans de simples bureaux.

La vie dans ces postes est rythmée par le travail posté en trois-huit et les cheminots qui y travaillent effectuent, de jour comme de nuit, des opérations de sécurité parfois complexes. Pourquoi le trois-huit ? Car la nuit, généralement entre 1 heure et 4 heures, le trafic est très réduit. Les agents des postes ne sont pas au repos car les voies étant confiées aux agents chargés de la maintenance des appareils de voie, des signaux et des caténaires, ils sont responsables de la circulation des trains de travaux et de la sécurité de leurs collègues responsables de la maintenance de SNCF Réseau.

Découvrons maintenant le métier principal exercé dans un poste d'aiguillage, celui d'agent circulation

Agent circulation SNCF

L'agent circulation est l'opérateur responsable de la commande des signaux et des aiguillages, parfois de l'alimentation des caténaires (fils haute tension implantés au-dessus des voies, servant à alimenter les locomotives électriques), de la protection des agents de maintenance travaillant sur les voies et du traitement des incidents techniques (panne d'un train ou de la signalisation). Il œuvre dans le cadre d'une réglementation ferroviaire stricte et complexe (qu'il a dû apprendre et assimiler), laquelle garantit la sécurité du trafic, des voyageurs, des riverains (aux passages à niveau) et des agents. Dans certaines petites gares (notamment sur les voies uniques), il exerce "seul" son métier (de plus, il peut être chargé de tâches commerciales comme la vente de billets ou les renseignements). Dans les grandes gares, il n'a aucune responsabilité commerciale et exerce ses fonctions dans un poste d'aiguillage, assisté par plusieurs aiguilleurs, et travaille sous la responsabilité d'un cadre opérationnel : le chef de circulation. La qualification (et donc le salaire) de l'agent circulation varie en fonction de l'envergure du poste d'aiguillage dans lequel il est affecté. Être responsable de la circulation dans un poste important nécessite souvent d'avoir été promu agent de maîtrise (par la voie du tableau d'aptitude), voire – pour certains gros postes – d'avoir passé avec succès les épreuves de l'examen de TTMV (technicien transport mouvement).

Une fois en ligne, que se passe-t-il ? Le TGV est-il livré à lui-même ? Non, bien sûr ! Il est successivement aiguillé depuis trois postes centraux (situés à Paris, Lyon et Marseille) si le plan de transport prévoit de le faire circuler de bout en bout sur la ligne à grande vitesse Paris-Marseille ; par contre, si celui-ci "sort" de la ligne à grande vitesse pour circuler sur la ligne classique (l'impériale Paris-Marseille), il sera aiguillé localement par les postes des gares (Laroche-Migennes, Dijon, Chalon-sur-Saône, Lyon-Perrache ou Guillotière, Valence, Portes-lès-Valence, Montélimar, Orange, Avignon, Miramas).

Le réseau ferroviaire naissant a hérité du transport maritime et routier. Le service des diligences et de la malle-poste a notamment servi de modèle en ce qui concerne le commercial et, principalement, pour définir les règles de transposition des "marches" – on parlait alors de marche "au galop" pour la diligence et d'"omnibus" pour les véhicules à traction hippomobile assurant un service de transport public urbain.

Les conditions dans lesquelles doivent être acheminés les voyageurs et les marchandises étant différentes, les réseaux de chemin de fer ont été conduits à spécialiser les trains et à calculer leurs horaires à l'avance, la marche, et à organiser des roulements pour gérer les locomotives et les mécaniciens.

Si, en France, les réseaux ont très rapidement jugé nécessaire d'implanter des signaux à demeure destinés à protéger les croisements, les bifurcations ou les voies d'une gare, ils n'avaient rien prévu pour suivre la régularité du trafic en ligne. La régularité, c'est-à-dire le respect scrupuleux des horaires annoncés dans l'indicateur, restera ainsi longtemps le royaume de l'empirisme en matière d'exploitation ferroviaire. Aucun indicateur de vitesse (et encore moins d'enregistreur de vitesse) n'équipait les locomotives. Seules les estimations du mécanicien et les pointages horaires, en gare ou aux bifurcations, pouvaient donner une idée approximative des performances des trains aux exploitants.

Faire circuler une multitude de trains devient vite un casse-tête chinois pour les hommes de la traction et surtout de l'exploitation. Malgré l'invention du "graphique de circulation" par l'ingénieur Ibry (issu de la compagnie de l'OUEST),

innovation destinée à pouvoir définir scientifiquement le nombre de trains pouvant être mis en circulation sur une ligne (compte tenu de la capacité de ses installations et des performances théoriques des locomotives), le suivi de la circulation en pleine voie est encore une notion inexistante.
Malgré tout, si la sécurité du trafic repose de plus en plus sur des “enclenchements” et bénéficie depuis 1885 des bienfaits d’une signalisation unifiée, ce sont encore les “chefs de gare” qui régulent la circulation des trains, c’est-à-dire qu’ils font en sorte d’aider les mécaniciens à respecter les horaires annoncés dans les indicateurs que les voyageurs peuvent acheter dans les kiosques de gare.
En cas d’incident, les cantonniers hissent des disques de couleur rouge et bleu sur les mâts, ce signal étant ensuite répété par les autres cantonniers. La nuit, les signaux s’effectuent par lanternes : le rouge indique le départ d’un convoi ; le vert demande une machine de secours ; le jaune impose soit un ralentissement (ou l’arrêt, lorsqu’il est placé au milieu de la voie).
En septembre 1914, au tout début du conflit mondial où le chemin de fer doit apporter son concours à la nation en péril de mort, puisque les cavaliers uhlans (éléments avancés de reconnaissance de l’armée allemande de von Kluck) sont rapidement parvenus à Louvres, c’est-à-dire aux portes de Paris, c’est sur une signalisation rigoureuse ainsi que sur les postes enclenchés que reposent l’exploitation ferroviaire et la sécurité de son trafic.
L’armée américaine, venue soutenir les alliés anglo-français dès 1917, est vite insatisfaite du mode de gestion des trains militaires et sanitaires, pratiqué par les compagnies françaises, ainsi que par les régulateurs de l’armée. Afin de pouvoir multiplier le nombre de trains militaires et fluidifier le trafic

Nous sommes dans le PAR Atlantique situé à Paris-Montparnasse. En cas de dysfonctionnement de la signalisation, les agents-circulation délivreront des autorisations de franchissement des repères et des jalons par radio.
© Collection Damien Barreau (photos) et Didier Janssoone (documents)

(sans remettre en cause la sacro-sainte sécurité ferroviaire française), les Américains influencent les modes d'exploitation du réseau français en apportant dans leurs valises une technique d'exploitation venue des États-Unis : le *dispatching system*. L'extension à grande échelle du *dispatching system,* ou le moyen de coordonner par téléphone, d'un poste central, la circulation des trains sur toute une ligne, est expérimentée en France, notamment par le PO. Testé en 1918 sur certaines lignes reliant les ports de l'Atlantique aux zones du front tenues par les Américains, ce système s'étend à l'ensemble des réseaux durant les années 1920 sous la forme de "postes centraux de régulation" où un régulateur est chargé de la surveillance du mouvement des trains. À titre d'exemple, le PLM comptera ainsi 207 kilomètres de lignes régulées en 1920 et plus de 3 000 kilomètres en 1927.

La mise en place du régulateur (donnant des instructions de circulation aux aiguilleurs) permet d'éviter bien des embouteillages ferroviaires en ligne et celui-ci devient irremplaçable quand un incident sérieux se produit en ligne. À ce moment-là, c'est lui qui est le mieux placé pour redresser la situation : informé des prévisions de reprise des conditions normales de circulation par les postes, il calcule alors son affaire pour que sa ligne retrouve le plus rapidement possible un trafic fluide.

Cette organisation ayant donné toute satisfaction, certains réseaux cherchent maintenant à superviser l'ensemble de la production ferroviaire depuis un organisme central : le PC (poste de commandement). La fonction principale de cette sorte de permanence : visualiser à l'échelle du réseau, organiser le trafic en cas d'incident (panne ou accident), trouver rapidement une locomotive ou un mécanicien, décider de la mise en marche d'un train supplémentaire, donner des informations aux chefs de gare de façon à ce qu'ils puissent informer la clientèle.

À partir des organisations expérimentées par le PLM ou le PO-MIDI naissent les PC de la SNCF, organismes mixtes permettant une collaboration étroite entre l'exploitation et la traction, de connaître à tout moment les conditions de circulation sur le territoire de l'arrondissement d'exécution et, en cas d'incident, de pouvoir prendre les bonnes décisions pour coordonner la reprise du trafic.

De la réflexion autour du PC découle l'organisation type suivante : le PC est constitué de deux cellules actives (la permanence et la régulation) ainsi que d'une cellule de réflexion permettant de contrôler *a posteriori* les conditions dans lesquelles les transports ayant connu des aléas ont été exécutés, en examinant les rapports remontés par les chefs de gare et, bien entendu, les graphiques de régulation tenus à jour par les régulateurs.

La permanence, organisme mixte "traction et exploitation", est chargée de superviser l'état du trafic et des ressources en locomotives électriques ainsi qu'en agents de conduite (les locomotives à vapeur restent sous l'autorité des dépôts car nécessitant des interventions plus fréquentes). Elle est en mesure de satisfaire les besoins des gares en ce qui concerne les trains facultatifs et supplémentaires et de fournir un engin moteur de secours, sollicité par une gare ou un régulateur.

Aujourd'hui, la circulation ferroviaire est régulée depuis un COGC (Centre opérationnel de gestion des circulations) qui est un organisme régional regroupant les différentes tables de régulation au sein du CRO (Centre régional des opérations), centre de l'infrastructure ayant remplacé les vingt-cinq anciens PC des régions SNCF.

Par ailleurs, un régulateur transport supervise en temps réel la circulation des trains de telle façon qu'en cas d'incident perturbant la circulation sur un point de la ligne, des instructions soient rapidement données aux aiguilleurs afin que les trains se dirigeant vers ce point ne se retrouvent pas bloqués en rase campagne. Enfin, un organisme centralisé, le CNO (Centre national des opérations), supervise l'ensemble de la circulation sur le plan commercial de façon à garantir, toujours en cas d'incident, l'efficacité de la prise en charge de la clientèle à bord des trains.

Le régulateur transport

Le régulateur travaille en trois-huit dans un COGC où il est responsable de la régularité du trafic sur une section de ligne plus ou moins longue, en fonction du nombre de trains à gérer (Paris-Étampes ou Étampes-Paris, par exemple). Comme les autres cheminots, après la sécurité, sa préoccupation majeure est de faire en sorte que ses trains arrivent à l'heure à destination. Il est constamment à l'écoute des aiguilleurs et des conducteurs afin de prendre en compte leurs signalements (retard prévisible à la suite de l'affluence dans une gare, panne de signalisation, incident matériel sur une locomotive ou accident grave de voyageur) qu'il doit retransmettre aux interlocuteurs habilités (aiguilleurs, agents de maintenance, secours…). Sa fonction principale : visualiser à l'échelle d'une ligne (et non d'une gare), organiser le trafic en cas d'incident, donner des informations afin de pouvoir réorganiser le travail des agents de gares du parcours ou celui des équipes de maintenance. En situation normale, il suit le mouvement des trains, autorise leur départ, s'intéresse de près aux petits retards (pour éviter qu'ils ne fassent boule de neige, principalement dans les zones denses, telle l'Île-de-France) et donne des directives aux postes d'aiguillage (par exemple, garage d'un train lent devant un train rapide) afin d'assurer la fluidité du trafic. Le régulateur est également en relation avec ses collègues des COGC voisins et travaille sous la responsabilité d'un cadre opérationnel – le "coordo", souvent lui-même ancien régulateur – plus spécialement chargé d'étudier les conséquences pratiques des incidents et de participer à leur résolution (recherche d'une locomotive pour aller dépanner un train immobilisé entre deux gares, allégement du trafic en cas d'importante panne de signalisation, envoi des secours si besoin…) en relation avec les chefs circulation des gares et les responsables d'activités (Intercité, TER, TGV, Transilien, Fret, sans oublier les autres opérateurs).

Les homme de l'ombre : la maintenance de l'infrastructure

La maintenance qui en découle est donc un domaine très vaste confié aux électriciens, aux électroniciens, aux spécialistes en télécommunications ainsi qu'aux mécaniciens car de très nombreuses technologies sont utilisées pour assurer la sécurité du transport ferroviaire, de la tringle mécanique pour manœuvrer un aiguillage depuis un levier éloigné jusqu'aux systèmes de sécurité informatiques dernier cri. La circulation quotidienne de près de quinze mille trains sur les 31 385 kilomètres de voies exploitées par la SNCF est régie par un ensemble de règles et de procédures de maintenance dont la mise en œuvre est assurée par les agents de l'infrastructure après y avoir été autorisés par les agents des postes ; des procédures décrivent les opérations à conduire pour garantir cette maintenance.

Le RPTX (responsable planche travaux) coordonne l'ensemble des chantiers de maintenance dans une grande gare ou une section de ligne. C'est un travail essentiellement nocturne.

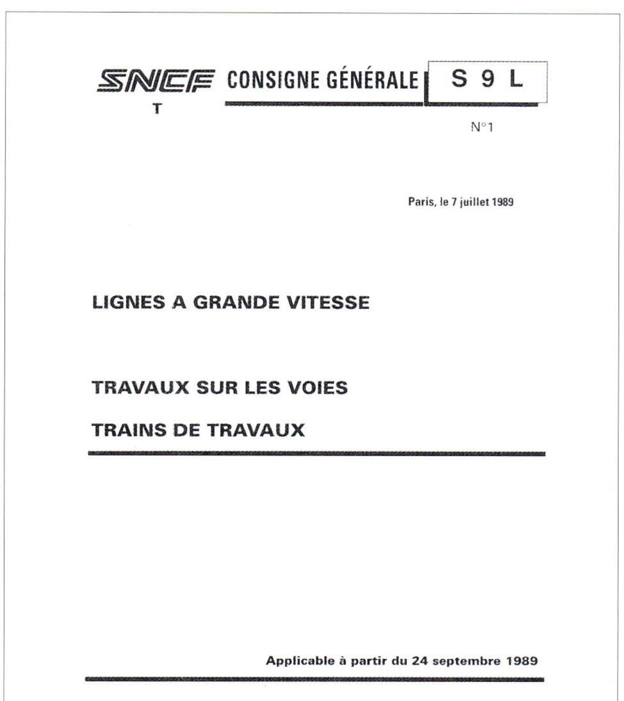
SNCF T CONSIGNE GÉNÉRALE S 9 L

N°1

Paris, le 7 juillet 1989

LIGNES A GRANDE VITESSE

TRAVAUX SUR LES VOIES

TRAINS DE TRAVAUX

Applicable à partir du 24 septembre 1989

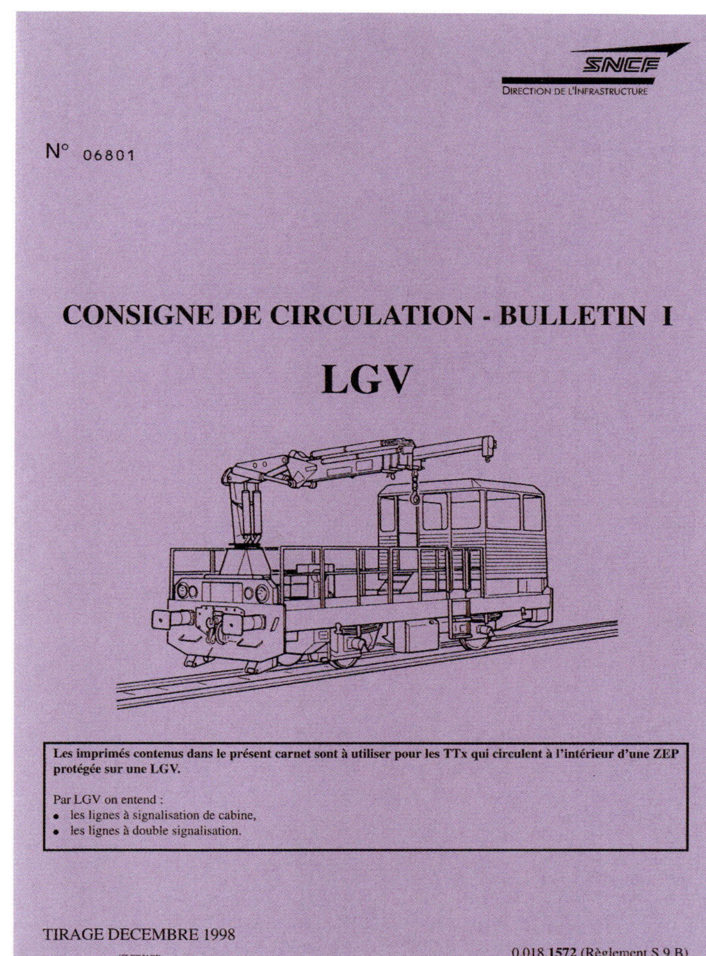
SNCF

DIRECTION DE L'INFRASTRUCTURE

N° 06801

CONSIGNE DE CIRCULATION - BULLETIN I

LGV

Les imprimés contenus dans le présent carnet sont à utiliser pour les TTx qui circulent à l'intérieur d'une ZEP protégée sur une LGV.

Par LGV on entend :
- les lignes à signalisation de cabine,
- les lignes à double signalisation.

TIRAGE DECEMBRE 1998

0.018.1572 (Règlement S 9 B)

Un train de travaux acheminant des tonnes de ballast sur le chantier du TGV. © Collection Didier Janssoone

Ils préparent et entretiennent votre rame : les technicentres

Rebaptisés technicentres, des ateliers du matériel roulant à la pointe du modernisme, tels Conflans (Paris-Gare-de-Lyon), Châtillon (Paris-Montparnasse), Est-Européen (Paris-Est), Gerland (Lyon) et Le Landy (Paris-Nord), entretiennent et réparent les rames TGV.
Dans ces ateliers, de très nombreux corps de métier interviennent sur les rames. Du sellier à l'électronicien, le TGV a besoin de tout le monde !

Les ateliers du matériel de la SNCF ont toujours été une vitrine du savoir-faire de la SNCF et de ses cheminots. De très nombreux dirigeants sont sortis des écoles d'apprentissage (aujourd'hui des CFA) qui leur sont associés. © RGCF/Christophe Recoura (AteliersTGV) et Didier Janssoone (plaquette de recrutement)

L'apprentissage au CFA du Matériel
La SNCF recherche des opérateurs et opératrices de maintenance du matériel roulant.
Le CFA du Matériel, vous prépare en 2 ans au BAC PRO MSMA option "systèmes ferroviaires"
SNCF

9

GRANDE VITESSE ET SÉCURITÉ FERROVIAIRE

Les TGV à l'heure, c'est bien... mais sans sécurité, pas de succès commercial possible ! Aujourd'hui, la réputation de sécurité de la SNCF n'est plus à faire. Mais rouler vite – jusqu'à 320 km/h sur les lignes les plus récentes – nécessite une signalisation performante, et à ce titre celle mise en œuvre sur les LGV, pur produit de la SNCF et de ses ingénieurs, constitue ce qui se fait de mieux sur le réseau : la TVM 300 ou la signalisation en cabine utilisant le rail comme vecteur de transmission d'information et affichant directement la vitesse autorisée sur le pupitre du conducteur.
Cette signalisation d'un type particulier est née en même temps que le TGV Sud-Est.

Quelle signalisation pour le TGV Sud-Est ?

Au tout début des années 1970, les études de signalisation concernant la première ligne à grande vitesse, Paris-Lyon, visent à répondre au cahier des charges suivant :

- Transmettre les indications de signalisation en cabine afin de garantir une bonne perception des signaux par le mécanicien, quelles que soient les conditions météorologiques ;
- Les transmettre également à un automatisme de contrôle de vitesse capable, en cas de défaillance du mécanicien, de garantir l'arrêt du train avant le point protégé par la signalisation (queue du précédent TGV, aiguille de liaison V1/V2 ou bifurcation prise en pointe ou en talon) ou, en cas de freinage insuffisant, de garantir le ralentissement au-dessous de la vitesse prescrite ;
- Garantir, compte tenu des performances de freinage des rames, un espacement de cinq minutes entre deux trains ;
- Enfin, bien que les premiers trains à grande vitesse ne puissent circuler qu'à 260 km/h, anticiper l'avenir et mettre au point un système permettant d'assurer l'espacement de trains circulant à 300 km/h.

Où en sont les techniques de signalisation ferroviaire en 1970 ?

Sur une grande partie du réseau de la SNCF (dont l'artère PLM), le BAL (block automatique lumineux) est le système d'espacement des circulations le plus utilisé. C'est un système entièrement automatisé reposant sur la détection continue de la présence des essieux et communiquant des ordres de marche aux conducteurs par l'intermédiaire de panneaux implantés le long de la voie.

Comment le BAL détecte-t-il la présence des trains en ligne ?

Les éléments constitutifs de ce block sont les circuits de voie électriques, qui permettent de constater automatiquement l'état d'occupation ou de libération d'un canton et auxquels est associé pour chacun d'eux, un relais électrique.
Le circuit de voie comprend essentiellement :

- Les deux files de rails d'une partie de voie (le canton), montée sur des traverses isolées et limitée électriquement à ses extrémités par des joints isolants ;
- Un émetteur de courant électrique branché à une extrémité de la partie de voie ;
- Un récepteur, situé à l'autre extrémité, recevant le courant circulant dans la voie, ce qui permet l'excitation du relais électrique.

Lorsque le canton est libre de tout train, le relais est excité et lorsqu'un train pénètre dans un canton, les essieux provoquent un court-circuit entre les deux files de rail, ayant pour effet de désexciter le relais (sa position agissant automatiquement sur la signalisation d'entrée du canton par contact).
La longueur d'un canton est déterminée en fonction de la vitesse maximale autorisée, du profil de la voie (en rampe, en palier ou en pente) et de la distance nécessaire à un train pour s'arrêter selon le type de matériel circulant sur la ligne. Sur les lignes classiques sont donc découpés des cantons de 2 à 3 km et sur certaines lignes de la banlieue parisienne (ou sur le

métro parisien), on pourra trouver des cantons de 500 mètres (voire moins) pour augmenter le débit.
Le BAL détecte la présence d'un véhicule, quel que soit son sens de circulation. Ainsi, toute pénétration accidentelle du canton (par une dérive, par exemple) fermera le panneau d'entrée. De la même façon, toute rupture de la continuité électrique du circuit de voie (dans le cas d'une rupture de rail) entraînera la fermeture du panneau d'entrée.
Ce type de block assure donc la sécurité de façon remarquable si les véhicules court-circuitent la voie de façon satisfaisante. Dans certains cas (véhicules trop légers), il faudra prendre certaines mesures de précaution.

Les grands principes du BAL d'espacement des trains

L'accès à un canton est autorisé par un panneau oblong lumineux, portant trois feux, situé à l'entrée. Lorsque le canton BC est occupé par un train, il donne l'indication sémaphore – un feu rouge – sur le panneau S3.
Le panneau précédent S1, associé au canton AB précédent devenu libre, présentera, quant à lui, l'indication avertissement – un feu jaune – avant de repasser à voie libre (un feu vert) dès que le train aura continué sa progression, pénétré dans le canton CD, fait passer le panneau S5 au sémaphore et le panneau S3 à l'avertissement, sitôt la libération totale du canton BC.

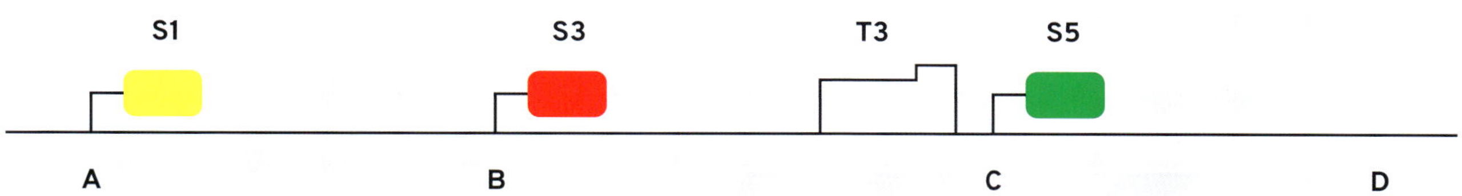

Que doit faire un conducteur en présence de ces indications ?
Voie libre (VL) : il est autorisé à circuler en marche normale.
Avertissement (A) : il doit être en mesure de s'arrêter avant le sémaphore annoncé.
Sémaphore (S) : il doit s'arrêter avant le panneau puis, sans attendre aucun délai, peut le franchir et s'avancer en marche à vue jusqu'à la fin du canton.

Les autres indications utilisées en BAL

- Sur une ligne classique équipée de la préannonce et autorisée à 200 km/h (comme Étampes-Vierzon) ou 220 km/h (comme Tours-Libourne), le feu vert clignotant atténue la notion de voie libre et impose au conducteur de réduire sa vitesse à 160 km/h pour être en mesure observer le signal suivant dans de bonnes conditions (généralement l'avertissement).
- Le feu jaune clignotant atténue la notion d'avertissement et annonce un avertissement définitif. Cette succession d'indications est prévue lorsque la distance entre les panneaux présentant l'avertissement et le sémaphore ne garantit pas l'arrêt.
- Le feu rouge clignotant atténue la notion de sémaphore et supprime l'arrêt obligatoire devant le panneau. Il suffit au conducteur de le franchir à 15 km/h et de se mettre en marche à vue. Cette disposition est utilisée dans trois cas : éviter la montée ou la descente des voyageurs lorsque le panneau est implanté en bout de quai ; éviter l'arrêt lorsque la voie est en rampe et annoncer un carré de protection implanté très près de l'aiguille protégée.

Proche banlieue sud-est de Paris. Gros plan sur les panneaux de BAL à 3 feux.
© RGCF/Marc Antoni

Le BAL a cent ans

Après des essais de block automatique fonctionnant à l'aide de pédales de voie effectuées par Thomas Hall (modèle de block utilisé sur le MIDI et le métro de Paris), le "véritable" block automatique naît aux États-Unis en 1884, favorisé par l'invention de William Robinson, le "circuit de voie", et la brillante idée de Franklin L. Pope : l'associer à un signal.
Importés en France en 1900, les blocks automatiques offrent alors une souplesse d'exploitation inégalée en permettant d'espacer automatiquement les trains, notamment en banlieue parisienne. Ils seront tout d'abord installés sur les lignes de la compagnie du MIDI par les ingénieurs Paul et Ducousso avec leurs curieux signaux aux cocardes rouges protégées des intempéries par des boîtiers transparents et sur l'EST sous la forme du BAM, Block automatique mécanique protégeant les cantons à l'aide de signaux mécaniques tels le sémaphore et le damier annonciateur vert et blanc. Le réseau de l'ÉTAT développera ensuite sa propre version utilisant des panneaux lumineux de forme carrée, développés en France par la CGS (Compagnie générale de signalisation).
Mis à part le NORD, peu séduit par le block automatique et fidèle au block maison, le Lartigue, un autre réseau comme le PO (déjà utilisateur des panneaux lumineux) s'intéresse également de très près au cantonnement automatique et commencera par l'expérimenter sur les sections Orsay-Austerlitz (1924) ; l'EST suivra avec Saint-Mandé-Vincennes (1926). Le PLM, quant à lui, y viendra un plus tard vers 1930.
La première application du nouveau block automatique à signaux lumineux de jour et de nuit de l'État a lieu en août 1923 sur la banlieue de Paris-Saint-Lazare entre Rueil et Le Pecq. La seconde se fait en mai 1924 entre Bois-Colombes et Argenteuil, à l'occasion des jeux Olympiques se déroulant au stade de Colombes, ce qui permet ainsi aux nouvelles rames standards de desservir de façon cadencée la gare du stade, spécialement ouverte pour l'occasion. Mis au point aux États-Unis par la firme Westinghouse sur le réseau du Chicago, Milwaukee and St-Paul, ce block que l'on n'appelle pas encore BAL est généralisé sur le vaste réseau de petite banlieue intégralement électrifié en 3e rail.
Dès 1933, toute la banlieue Ouest de l'État (banlieue de Paris-Invalides comprise) est équipée de panneaux lumineux. Celle de Paris-Montparnasse ne le sera qu'en 1937, juste avant la création de la SNCF, car le BAL par panneaux lumineux de forme oblongue ou en drapeau (conçus spécialement pour présenter les nouvelles indications de ralentissement et de rappel de ralentissement prévues par le code Verlant) est mis en service en même temps que l'électrification Paris-Le Mans.
Après la nationalisation, le BAL – innovation technique développée par les anciens réseaux comme l'ÉTAT, le MIDI ou le PO – est perfectionné et standardisé par la SNCF pour généraliser le 160 km/h et envisager de relever la vitesse à 200 km/h sur certains tronçons.
Le préavertissement est abandonné lorsque, vers 1964, est imaginée une solution permettant de créer de nouvelles indications : le clignotement des feux. Celui-ci cède ainsi la place au feu jaune clignotant dès 1966, indiquant au mécanicien qu'il est en mesure de s'arrêter devant le signal d'arrêt annoncé par l'avertissement suivant. Ce nouveau signal permet de développer le BAL à quatre feux (sémaphore, avertissement, feu jaune clignotant et voie libre), modèle de block autorisant à augmenter le débit des sections de ligne chargées en limitant la longueur des cantons à 700 mètres environ.
Dès 1964, toujours dans un souci d'augmentation du débit, est créé le feu rouge clignotant dispensant le mécanicien d'un arrêt et son franchissement à 15 km/h, suivi en 1966 du feu blanc clignotant caractérisant l'ouverture du carré violet vers un parcours de faible ampleur.
Enfin, en 1967, afin de permettre l'accélération du Capitole circulant entre Paris et Toulouse, la section Angerville-Les Aubrais-Vierzon est autorisée à rouler à 200 km/h. Pour cela, une nouvelle indication – la préannonce (le feu vert clignotant) – imposant de réduire la vitesse du train à 160 km/h est créée.

Le cahier des charges de la signalisation embarquée du TGV

Les premières études de la signalisation en cabine furent directement liées au développement du projet TGV – le projet secret C03 – dont la réussite était vitale pour que la SNCF puisse présenter aux pouvoirs publics une alternative crédible au projet d'Aérotrain de l'ingénieur Bertin.

Pourquoi embarquée ? La réalisation de la première ligne à grande vitesse Paris-Sud-Est avait pour objectif d'y faire circuler des batteries de trains à 300 km/h. Il était ainsi irréaliste de compter sur une signalisation latérale inobservable même par beau temps…

transmission voie - machine
par les rails
T V M 300

csee

- élaboration des consignes de pilotage automatique pour un réseau ferré urbain
- répétition à bord de la signalisation latérale sur les parcours à visibilité réduite
- indication en cabine des taux de vitesse et supervision de la marche des T G V

FER–F–8–b

L'idée ressortit donc des cartons du 88, rue Saint-Lazare, siège de la SNCF et ancien siège du réseau de l'État. Après beaucoup de recherches et d'essais, elle aboutit à la mise au point de la fameuse TVM (Transmission voie-machine), une sorte de block automatique sur voie banalisée à signalisation embarquée.

Cette idée – mettre la signalisation à l'intérieur de la cabine de conduite d'une locomotive à vapeur – avait été testée dès 1935 par le très novateur réseau de l'État sur la section Caen-Cherbourg. Une signalisation d'"abri" (de cabine), alors développée par la firme Westinghouse, avait alors été posée en parallèle du BAL mis en service par la CGS. Son fonctionnement était plutôt simple et reposait sur un circuit de voie à 50 Hz envoyant des informations par courant pulsé transitant par les rails et aboutissant (*via* un câblage intérieur à la locomotive) à un signal miniature placé au-dessus des manomètres. Celui-ci pouvait alors présenter les indications voie libre, préavertissement, ralentissement, avertissement et arrêt.

La TVM : le block automatique d'espacement pour les LGV

Si, en signalisation au sol, l'espacement des trains est assuré par un modèle de block (automatique ou manuel), en signalisation de cabine, c'est le système français de la TVM ou l'européen de l'ETCS (European Train Control System) qui assurent l'espacement.

La TVM est un système de transmission de la signalisation par la voie à la cabine de conduite, né avec le TGV Sud-Est en 1981. Il en existe aujourd'hui trois versions : la TVM 300 permettant de circuler jusqu'à 300 km/h, appliquée pour la première fois en 1989 sur la LGV Atlantique ; la TVM 430, plus performante en termes de quantité d'informations transmises et réduisant au strict minimum les systèmes à relais, appliquée pour la première fois en 1993 sur la LGV Nord-Europe et la TVM 430 SEI (système d'enclenchement intégré) n'utilisant que de l'informatique, appliquée pour la première fois en 2001 sur la LGV Méditerranée.

Les cantons ont une longueur de 2 100 mètres permettant de tracer douze trains par heure à 260 km/h (puis 270 km/h vers 1983). La séquence d'arrêt est répartie sur trois cantons – précédés d'un canton prémonitoire et d'un canton dit d'*overlap* ("chevauchement" en français, sorte de canton tampon comme sur le métro) – de façon à abaisser très progressivement la vitesse : un canton parcouru à 260 km/h,

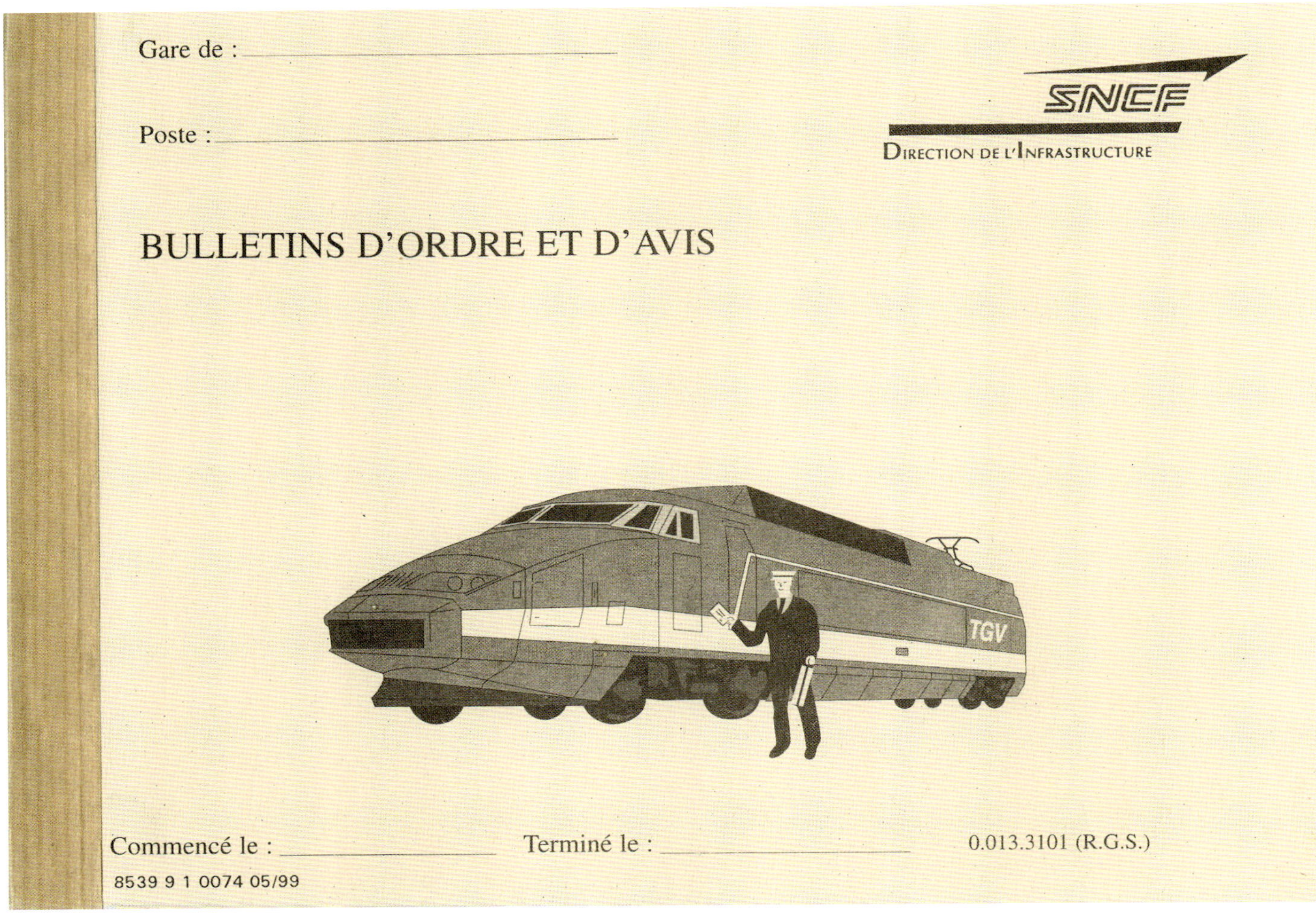
Gare de :

Poste :

SNCF
DIRECTION DE L'INFRASTRUCTURE

BULLETINS D'ORDRE ET D'AVIS

TGV

Commencé le : Terminé le : 0.013.3101 (R.G.S.)

8539 9 1 0074 05/99

La documentation d'exploitation destinée aux aiguilleurs aux couleurs du TGV. © Didier Janssoone

un à 220 km/h, un à 160 km/h et un à 0 km/h, dans lequel le train devra s'arrêter (le canton suivi du canton tampon devant rester libre).

Une fois en marche à vue, le mécanicien observe un repère, présenté sous la forme d'une pancarte carrée de couleur jaune et bleu (avec une plaque F ou Nf suivant qu'il protège ou non une aiguille de report V1/V2 ou une bifurcation), lui indiquant les limites à ne pas dépasser. Dans le cas d'un repère à plaque Nf, il observera le feu associé. Son allumage au blanc l'autorisera à le franchir (c'est donc un feu qui fait office d'œilleton, mais aussi de bulletin CBA).

Des jalons de forme carrée, montés sur pointe de couleur violet et blanc (équivalent au carré violet), viennent compléter la signalisation sur les LGV.

Le contrôle-commande de la signalisation en LGV

Nous venons de découvrir que deux TGV circulant dans le même sens ne peuvent pas se rattraper. Mais comment sont alors commandées les aiguilles permettant de garer un TGV ou tout simplement de changer de voie ? Sont-elles libres de tout contrôle ? Non… Les opérateurs sont empêchés, grâce à des dispositifs d'enclenchement, de les manœuvrer de façon libre ou désordonnée : c'est ce qu'on appelle le contrôle-commande en signalisation ferroviaire.

L'ensemble des installations de sécurité d'une LGV (ce qui représente une ligne à deux voies banalisées de plusieurs centaines de kilomètres de longueur) est commandé depuis un poste central, l'ensemble constituant une "gare" en terminologie ferroviaire.

En circulation ferroviaire, la gare est une installation, quelle que soit par ailleurs sa désignation administrative, ouverte au service de la circulation. Un agent qualifié doit y avoir pris place et l'installation doit disposer des aménagements nécessaires pour y effectuer les opérations relatives à la circulation définies par les règlements :

- Arrêter et retenir les trains ;
- Modifier l'ordre de circulation des trains par garage d'un train ou dépassement de deux trains ;
- Protéger les trains en stationnement ;
- Protéger les manœuvres de rames ;
- Protéger les travaux de maintenance.

En exploitation ferroviaire, la fonction "circulation" consiste à organiser et à superviser la circulation selon le mode d'exploitation en vigueur sur la ligne. Elle est exercée par un agent-circulation prenant ses fonctions dans chaque gare, opérateur d'exploitation ferroviaire défini de la façon suivante : "Agent, quels que soient son grade et ses autres fonctions, chargé du service de la circulation".

Les deux voies de circulation sont dites banalisées et permettent de circuler indifféremment dans les deux sens et sur les deux voies, la sécurité étant assurée par des installations perfectionnées conçues pour s'opposer techniquement aux situations potentiellement dangereuses ou aux erreurs des opérateurs. Électriques ou électroniques, elles peuvent agir automatiquement ou être commandées à distance ; elles pourront aussi contrôler un état, détecter une situation, indiquer le résultat d'une action ou vérifier que les conditions de sécurité pour le passage d'un train sont satisfaites. La technologie utilisée est essentielle informatisée.

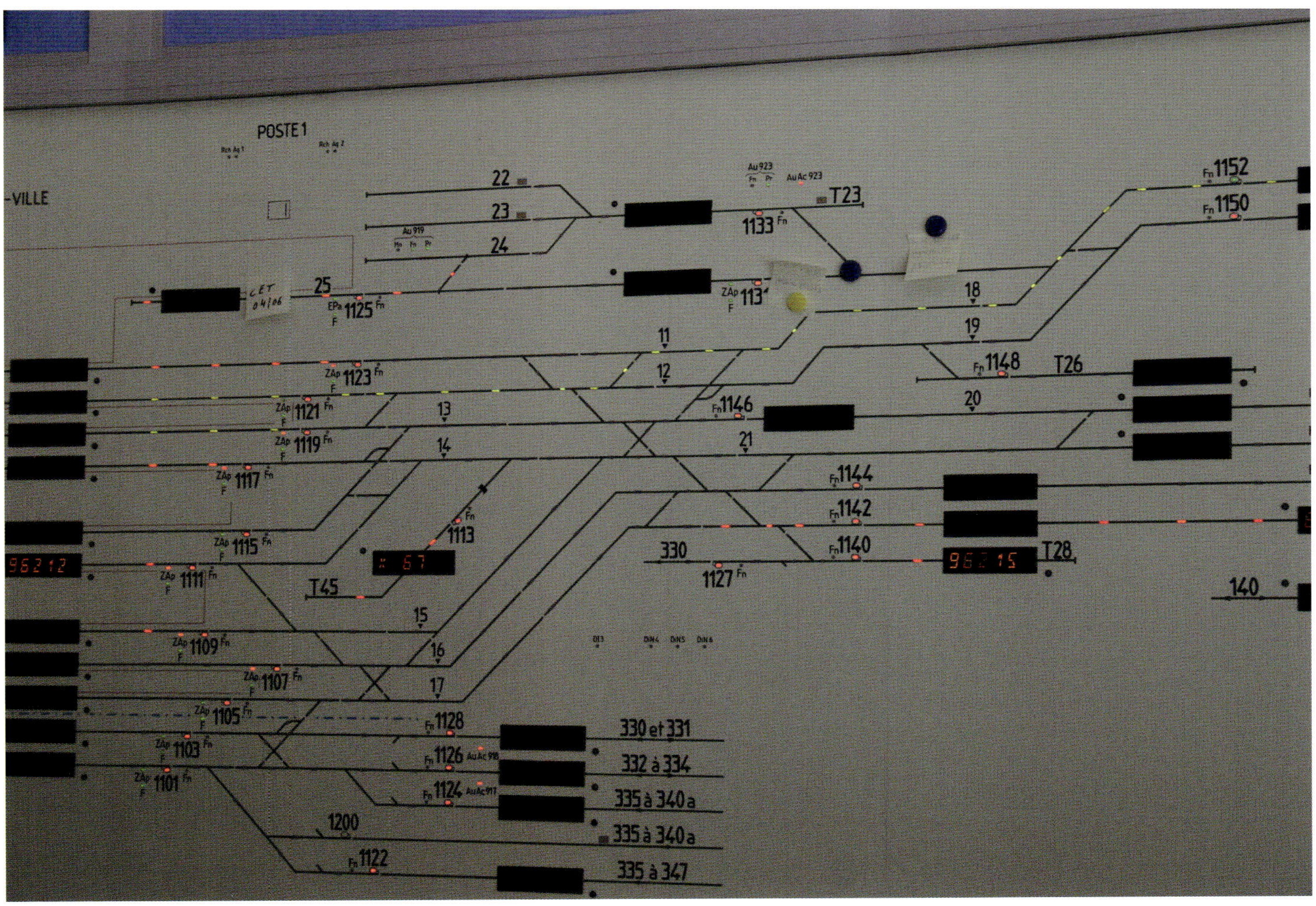

Gros plan sur le TCO du poste central de Strasbourg-Ville permettant le contrôle-commande des aiguilles et des signaux d'un vaste "secteur-circulation" (appelé GARE en terminologie ferroviaire). © RGCF/Marc Antoni

TGV et technologie des postes d'aiguillage

La technologie des postes d'aiguillage a énormément évolué au cours des vingt dernières années.
La gare de Paris-Lyon vient d'ailleurs de vivre une mutation technologique comme elle n'en avait pas vécu depuis 1981, voyant ses installations de sécurité – commandées depuis les postes 1 et 2 électrodynamiques à leviers d'itinéraires Thomson-Houston mis en service en 1933 par le PLM – passer sous le contrôle d'une tour de contrôle ferroviaire régionale créée à Vigneux-sur-Seine (Essonne).
Prouesse indiscutable qui ne doit pas faire oublier qu'en 2021, les aiguilles et les signaux des 14 000 kilomètres de lignes du réseau, implantés en zone diffuse ou dans les grands centres, restent commandés par mille cinq cents postes mécaniques, électriques ou informatiques de première génération (ils étaient deux mille trois cent cinquante en 1993, il y a plus de vingt ans, dont 450 PRS, ce qui reste encore un chiffre considérable). Une tour de contrôle ferroviaire ou plutôt une commande centralisée du réseau (CCR) est-elle pilotée par des aiguilleurs du rail ? Oui, certes, et ils constituent même la nouvelle élite d'une corporation gérée par SNCF Réseau.
Bien que de nombreuses opérations de fusion aient été effectuées entre 1945 et 1950 (période de la conception des postes MU et EMU destinés à remplacer les sept cents postes détruits par les bombardements) entre 1950 et 1980 (la grande période PRS) et entre 1980 et 2010 (période de la mise au point des PRG, PRCI et autres PAI), de très nombreuses gares, comme Angoulême et Vierzon, restent encore exploitées par trois voire quatre postes de technologies disparates ; d'autres le sont par un poste unique (mais de technologie SNCF déjà vieillissante comme à Paris-Austerlitz).
Comme le fait de conserver un rythme classique de fusion des postes d'une même gare reviendrait à n'espérer exploiter le réseau de façon rationnelle qu'à l'horizon 2060 (voire plus !), le couple RFF-SNCF, repris par SNCF Réseau, a défini un plan d'action beaucoup plus ambitieux permettant de gagner une trentaine d'années.
Si certaines opérations indispensables à très court terme (notamment en Île-de-France où les PRS sont peu à peu "mistralisés") ont été menées à bien, la province bénéficie d'une révolution technologique : la création de quinze CCR télécommandant l'ensemble des postes.
Après Bordeaux (2008), Dijon (2011), Pagny-sur-Moselle (2015) et Lyon (2016), l'ensemble du réseau sera, à l'horizon 2030, géré par une quinzaine de CCR. Les aiguilleurs seront ainsi regroupés dans des grands pôles techniques ultramodernes et auront à leur disposition un outil de travail performant. Évidemment beaucoup moins nombreux qu'aujourd'hui, mais plus qualifiés, ils resteront indispensables au bon fonctionnement du chemin de fer, notamment pour traiter les procédures travaux, gérer les divers incidents de circulation et résoudre les dérangements qui, même si leur traitement pourra être assisté par ordinateur, demeureront diagnostiqués et réparés par des hommes.

La technologie des Postes d'aiguillage à énormément progressé grâce aux fabuleux progrès permis par l'électronique et l'informatique. Tout devient miniaturisé à l'extrême et un aiguillage se commande aujourd'hui à l'aide d'un simple "clic" d'une souris d'ordinateur.
© Damien Barreau (Salle technique LGV et Poste d'aiguillage de Facture), Collection Jean-Pierre Rigouard (carte postale)

Demain : la signalisation européenne

Inventées, sans gros moyens, par la seule SNCF, et ses grands ingénieurs passionnés de traction électrique et surtout amoureux du chemin de fer, les LGV (Lignes à Grande Vitesse) se sont par la suite développées, sous diverses formes, un peu partout en Europe et même sous la Manche (Eurotunnel), permettant la mise en circulation de nombreux trains internationaux. La Communauté européenne, toujours soucieuse d'harmoniser les pratiques et les lois de l'ensemble des États membres, ne pouvait rester inerte et voulut, ici aussi, intervenir dans les affaires des réseaux de chemin de fer en décidant (Directive 2008/57, dite directive Interopérabilité) la mise à l'étude d'un système européen de signalisation ferroviaire, l'ETCS, utilisable sur l'ensemble des infrastructures européennes, avec l'objectif de disposer, à l'aube du XXIe siècle, d'une signalisation qui, progressivement, serait implantée sur toutes les infrastructures nouvelles, puis, après l'amortissement des installations existantes, sur toutes les lignes ferroviaires de la communauté.

Projet ambitieux, dont la SNCF, éternel précurseur en matière de technologie ferroviaire, sut s'emparer pour rester en tête du peloton. Où en est cette technologie en 2020 ?

L'ETCS (niveaux 1, 2 et 3) est devenu le système européen de contrôle-commande des trains, qui assure la sécurité des circulations par un contrôle automatique de vitesse et une signalisation de cabine. La partie bord est interopérable, c'est-à-dire qu'elle a vocation à fonctionner de Londres à Madrid. La partie sol peut être différente selon les pays – chaque réseau parcouru a toujours un système de signalisation historique – tout en répondant aux mêmes objectifs de fonctionnalité. La transmission des données entre le sol et le bord est assurée par le GSM-R.

Le principe de fonctionnement du système repose sur l'émission, par le sol, d'une autorisation de mouvement qui vise un point but, auquel est associée une vitesse but. En France sont mis en œuvre les niveaux d'exploitation suivants :

- L'ETCS 1, sur certaines lignes parcourables jusqu'à 220 km/h. C'est un système de signalisation en cabine superposé à la signalisation classique fonctionnant à l'aide de circuits de voie et de compteurs d'essieux (les informations entre le sol et le bord sont ponctuellement transmises par des Eurobalises implantées sur la voie, activées par des antennes au passage des trains). Dans ce système, la signalisation latérale est uniquement utilisée pour repérer les points d'arrêt.
- L'ETCS 2, sur certaines lignes TGV. C'est un système qui permet d'augmenter la fluidité de la circulation en ligne en gagnant de précieuses secondes (en libérant, par exemple, une aiguille de façon immédiate, alors qu'un montage de signalisation classique avec des relais de zone l'immobilisera bien plus longtemps). Il transmet les données de signalisation de manière permanente, *via* le réseau GSM-R. Le train communique constamment sa position, qu'il détermine avec un odomètre, au centre de contrôle qui, lui, communique en retour les actions à effectuer (monter en vitesse ou s'arrêter). Dans ce système, fonctionnant toujours avec des circuits de voie ou par compteur d'essieux, il n'y a plus de signalisation latérale, mais seulement des repères.
- L'ETCS 3, quant à lui, est en cours d'expérimentation. Beaucoup plus ambitieux, il repose sur une détection de la position des trains (et de leur intégrité) par les trains eux-mêmes… Dans ce futur système, il n'y aura même plus de circuit de voie et le block pourra donc devenir mobile. Tout ceci fonctionnera grâce à l'odométrie, technique permettant d'estimer la position d'un véhicule en mouvement grâce à des capteurs embarqués autorisant à mesurer le déplacement du train : plus l'espace entre deux trains diminue, plus le système ordonne au train suivant de réduire sa vitesse.

Parcourue par des TGV et des ICE, la LGV Est a été progressivement équipée en signalisation ERTMS.
© RGCF/Marc Antoni (Eurobalise) et RGCF/Christophe Recoura (Repères)

Les grands principes de sécurité ferroviaire

En matière de sécurité ferroviaire, le chemin de fer, comme pour le TGV, était parti de zéro puisque le transport de voyageurs guidé sur rail était une innovation récente. D'abord très empirique et reposant exclusivement sur la discipline des hommes, elle s'étoffa peu à peu grâce aux vertus de l'expérience et aux apports de la science et des techniques.
Le chemin de fer était une belle invention, comme le seraient plus tard l'automobile et l'avion. En revanche, à technologie nouvelle, risques inconnus. Quand le chemin de fer commença à se développer et les trains à se multiplier sur les voies, on découvrit, de façon très empirique, les risques qu'il y avait à conduire ou à prendre le train. D'ailleurs, certains accidents de chemin de fer défrayèrent la chronique car ils mirent en évidence un certain nombre de points de fragilité qui nécessitèrent la prise de décisions immédiates pour ne pas risquer des collisions encore plus meurtrières qui auraient pu remettre en cause la confiance des usagers et de la classe politique et, par là même, l'extension future du réseau.
Si poser des rails de chemin de fer sur des traverses était une condition nécessaire pour permettre à un train de circuler, cela n'était pas suffisant car il aurait fallu bien plus d'efforts et de réflexion pour mettre au point et pérenniser dans le temps un système encore tout neuf et sujet à de multiples défaillances...
Outre les risques de collision frontale sur une voie unique lors d'un nez-à-nez, si, par malheur, leur train venait à emprunter la même voie qu'un autre venant en sens contraire, quels étaient les risques pris par les voyageurs, séduits par le chemin de fer, au contact roue/rail offrant si peu d'adhérence ?
De heurter un obstacle ou un animal. De dérailler en circulant sur un rail cassé. De dérailler à la suite d'une défaillance de la voiture ou de la locomotive. De dérailler par excès de vitesse dans une courbe non signalée. De ne pas s'arrêter à temps avant un butoir. D'être violemment tamponnés par un train lancé à pleine vitesse lors d'un arrêt en gare. D'être gravement blessés dans leur confortable compartiment lors d'une prise en écharpe au passage d'une bifurcation, percutés par un autre train sur un croisement mal protégé...
Outre ces risques de collision frontale, par prise en écharpe ou par rattrapage, ils encourent deux autres risques ferroviaires, tout aussi fondamentaux, au niveau des bifurcations : voir leur train dérailler sur une aiguille malencontreusement restée entrebâillée, manœuvrée pendant leur passage (risque de sécurité pure), ou par excès de vitesse si le mécanicien n'a pas reçu à temps l'ordre de ralentir... Enfin, un autre risque d'ordre mouvement existait, et existe toujours : partir dans une mauvaise direction géographique ! En effet, à une époque où le chemin de fer se cherchait encore, aucun signal fixe ne permettait à l'aiguilleur d'arrêter un train devant une aiguille mal disposée (ou malencontreusement entrebâillée) et, bien entendu, aucun outil technique ne pouvait l'aider à suivre la circulation des trains et à connaître de façon certaine le premier train attendu et la direction à lui donner, puisque ni le régulateur ni le suivi des trains informatique n'avaient encore été inventés !
La sécurité ferroviaire, après avoir été balbutiante, s'améliore progressivement grâce aux premiers enclenchements mécaniques, aux règles de circulation pragmatiques ainsi qu'à une signalisation mécanique.
Pour la rendre encore plus performante, les développements ultérieurs font la part belle aux systèmes de sécurité fonctionnant à l'électricité qui viennent compléter les enclenchements mécaniques des nouveaux postes enclenchés, ainsi qu'aux nouveaux moyens de communication que sont le télégraphe et, plus tard, le téléphone.
Ainsi améliorée, perfectionnée et fiabilisée, la sécurité ferroviaire devient une valeur phare de la culture ferroviaire des cheminots des compagnies, puis de la SNCF.
La signalisation, notamment, est capable de prévenir le rattrapage des trains (circulant dans le même sens et sur la même voie), la prise en écharpe (collision latérale des trains circulant sur des itinéraires convergents), le nez-à-nez (collision frontale de deux trains circulant en sens contraire sur la même voie), le déraillement par excès de vitesse (sur une aiguille en déviation, une partie de voie ou une section de ligne donnée) et la collision avec un obstacle (une chute de rochers sur la voie, par exemple, mais aussi une voie en travaux fermée à la circulation ou privée d'alimentation électrique).
Sa diversité, allant du simple damier rouge et blanc à l'allumage de feux fixes ou clignotants sur un panneau, est aujourd'hui de traiter de façon adaptée de très nombreuses situations où il est nécessaire de faire usage d'un ou de plusieurs signaux :

- Protéger un point (ou en autoriser le franchissement) ;
- Espacer les circulations (cantonnement) en les retenant si la voie n'est pas libre ;
- Annoncer un signal d'arrêt ;
- Limiter la vitesse ;
- Indiquer au conducteur la direction qu'il va suivre à l'approche d'une bifurcation ou permettre de déterminer son point d'arrêt à quai ;
- Permettre aux opérateurs des postes de circulation de protéger les chantiers de maintenance.

Le circuit de voie : cheville ouvrière des postes d'aiguillage à relais électriques

Si cette invention de William Robinson a permis de mettre au point le block automatique d'espacement – l'information de libération ou d'occupation du canton est transmise au conducteur par l'intermédiaire d'un signal dont les ampoules verte, rouge et jaune s'allument ou s'éteignent en fonction de la position d'un relais –, elle a également permis d'assurer la sécurité dans les gares où étaient implantés de nombreux aiguillages qu'il ne fallait absolument pas faire tourner sous les roues des trains.
Grâce au circuit de voie, des postes d'aiguillage électriques à grand rayon d'action, ainsi que des commandes centralisées de la circulation (comme Houilles-Sartrouville en 1933) ont pu être mis en service. La détection continue de la présence des roues des trains se fait non seulement entre les gares, mais aussi dans les gares, en zonant finement l'ensemble du plan de voie, permettant ainsi le transit simultané de plusieurs trains sans risque de rattrapage, de collision ou de déraillement, et ce, sans intervention humaine. La restitution de la commande des aiguilles s'opère soit de façon rigide (lors du dégagement de l'ensemble du parcours), soit de façon souple (les aiguilles étant libérées les unes après les autres afin de fluidifier la circulation).
D'abord alimentés par piles de 24 ou 48 V, les caractéristiques techniques des circuits de voie évoluent lors de l'électrification du réseau (par troisième rail 750 V ou par caténaire aérienne 1 500 V). La nécessité de prendre en compte le retour du courant de traction vers la sous-station oblige les ingénieurs à concevoir des circuits de voie permettant le transport de courants électriques d'intensité et de potentiel divers. Les nouveaux circuits de voie sont alors alimentés en courant alternatif et techniquement aptes à véhiculer le retour traction.
L'inconvénient de ce dispositif de sécurité réside dans l'apparition d'une notion jusqu'alors inconnue des aiguilleurs : le dérangement électrique, et ses conséquences comme le blocage des aiguilles, des leviers et des signaux, lors de la moindre défaillance du circuit (alimentation, relais ou fil).

Toulouse-Matabiau. Le bon fonctionnement de la signalisation lumineuse repose sur un découpage électrique des voies en zones isolées détectant la présence des essieux et "enclenchant" aiguilles et signaux. © Collection Didier Janssoone

Le contrôle du respect de la signalisation

Contrôler efficacement le respect des signaux par les mécaniciens a été très rapidement l'un des principaux soucis des ingénieurs de l'exploitation et de la traction afin d'éviter les incidents ou les accidents graves. Pour y parvenir, il n'existait pas – jusqu'en 1981 – d'autres moyens que ceux, classiques mais efficaces, en service depuis longtemps : la répétition des signaux par explosion d'un pétard, la répétition en cabine par crocodile ou, depuis quelques années, par balises sur une ligne comme Étampes-Les Aubrais-Vierzon, équipée de la préannonce depuis 1967 (tableau P ou feu vert clignotant).
La solution la plus pertinente aurait été de transmettre les informations du sol vers les trains par courants codés utilisant le rail et les circuits de voie comme supports de transmission. Or, ce système très novateur n'était applicable ni sur l'artère PLM ni en banlieue parisienne et encore moins sur la multitude de voies uniques exploitées comme en 1938.
Les graves accidents survenus à Flaujac et Argenton-sur-Creuse (1985), puis à Melun (1991) vont imposer de fait que soient déployés de nouveaux moyens destinés, d'une part, à sécuriser les nombreuses voies uniques et, d'autre part, d'arrêter automatiquement un train jugé en survitesse, qui risquerait de dérailler dans une courbe ou qui ne serait pas en mesure de s'arrêter normalement devant un signal fermé. Dans l'impossibilité, pour des raisons économiques évidentes, de poser des circuits de voie à courant codé comme sur toutes les lignes de France, deux systèmes éprouvés sont retenus par les directions de l'équipement et du transport :

- Le KVB, contrôle de vitesse par balises, utilisant un modèle de balise de marque Ericsson, éprouvé sur les chemins de fer suédois qui, faute de s'adapter aisément au parc moteur, ne supprimera finalement ni le dispositif de répétition par crocodile ni celui à pétard, comme cela avait été envisagé ;
- Le DAAT, dispositif d'arrêt automatique des trains, en cas de franchissement intempestif du sémaphore de sortie, qui équipera les lignes à voie unique ou à voie banalisée non électrifiées. Son fonctionnement repose sur le crocodile auquel on superposera un courant de fréquence 8 500 Hz au courant continu d'alimentation.

En quoi consistait le KVB mis en service à partir de 1987 ? C'était, et c'est toujours un système technique qui améliore la sécurité en vérifiant de façon permanente que la vitesse du train ne dépasse pas la vitesse maximale autorisée. Il vérifie également que sa vitesse à l'instant T reste cohérente avec les ordres donnés par la signalisation (par exemple, au franchissement d'un avertissement, le train devra décélérer fortement pour être en mesure de s'arrêter avant un carré). Par défaut, le freinage d'urgence sera commandé. Des balises jaunes fleurissent sur les voies au niveau des zones à protéger (aiguilles, courbes…) et servent à transmettre des messages au système embarqué (sur la locomotive) indiquant l'état de la signalisation (zone de limitation de vitesse, signal non franchissable…).
Aujourd'hui, le KVB est une évidence pour tous, mais ses débuts furent plutôt chaotiques. Souvenons-nous, au moindre petit dépassement de vitesse ou dès qu'une attente un peu prolongée de la part du mécanicien pour freiner son train était détectée, le système déclenchait une prise en charge du train qui se retrouvait stoppé en pleine voie et parfois plusieurs fois sur un parcours de 100 km ! De la même façon, un mécanicien qui apercevait un carré s'ouvrir devant lui avait tendance à reprendre sa marche normale, beaucoup trop tôt au goût du KVB. Il fallait désormais que le mécanicien attende d'avoir franchi le panneau.
Le KVB était devenu l'ennemi implacable du mécanicien et des régulateurs : au lieu de freiner à l'approche du rappel 30 pour être à 30 exactement au chevron pointe en bas, il fallait désormais quasiment être à 30 après avoir vigilé le ralentissement 30… ce n'était plus du tout la même chose ! Les mécaniciens durent peu à peu changer leur façon de conduire un train (tout anticiper, ne plus rouler au trait et, surtout, rouler légèrement en sous-vitesse pour avoir la paix), tant et si bien que les concepteurs horaires durent naturellement rallonger les temps de parcours.
Cependant, des améliorations techniques furent sollicitées et étudiées. Des balises de reprise intermédiaires se virent, par exemple, posées et de nouvelles versions comme le KVB-P développées.

10

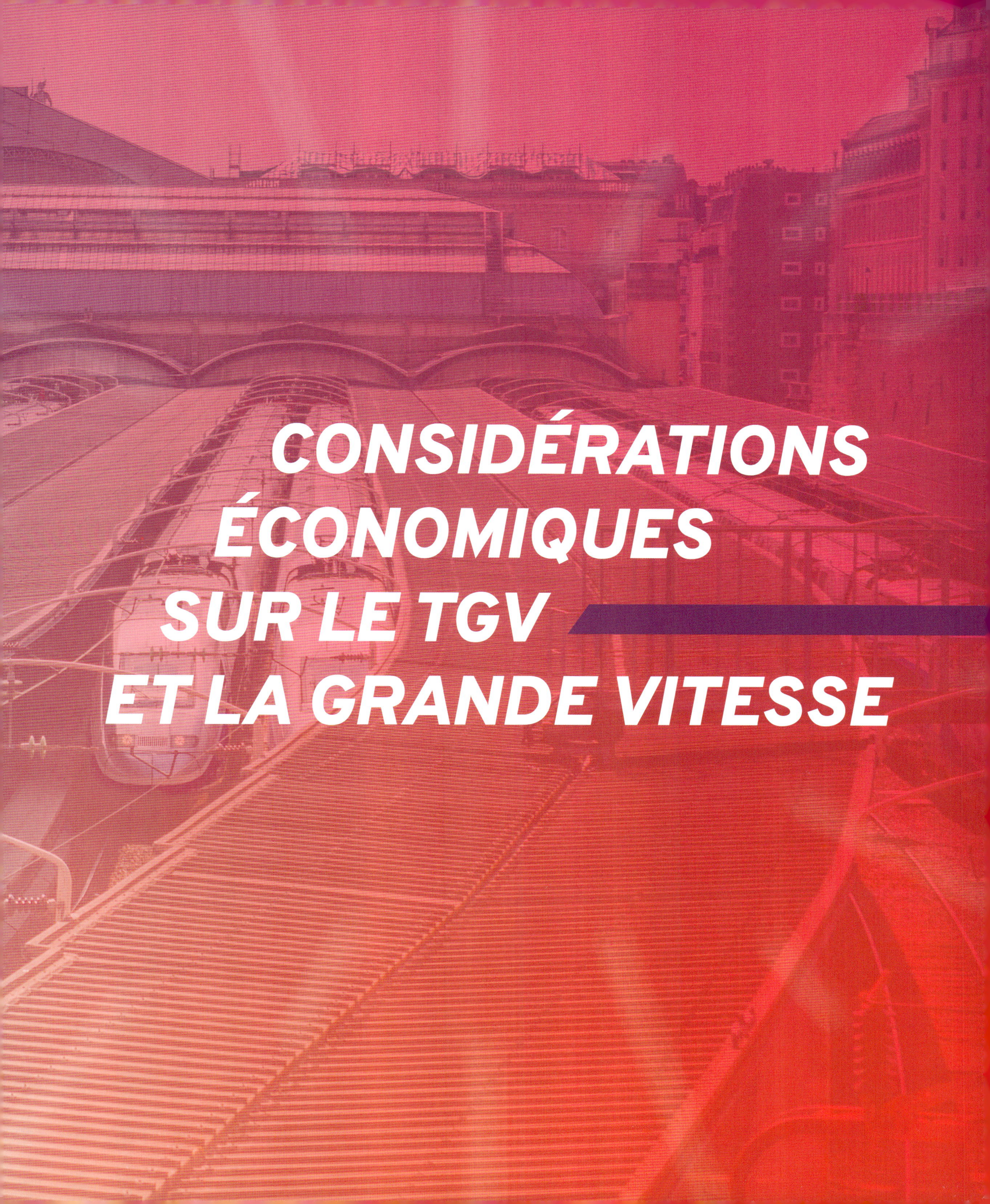

CONSIDÉRATIONS ÉCONOMIQUES SUR LE TGV ET LA GRANDE VITESSE

Le TGV est-il rentable ? Assurément oui, car il a longtemps permis à la SNCF de développer son trafic voyageur et de remplir les caisses de la maison. Le sera-t-il encore demain lorsque la crise sanitaire sera dernière nous ? Il faut le souhaiter car il est et sera toujours la locomotive du trafic ferroviaire en France.

Le réseau TGV : le sauveur du rail en France

Faute de concurrences automobile et aérienne efficaces, les compagnies de chemin de fer conservent un monopole presque absolu du transport des voyageurs jusqu'à la crise des années 1930, crise qui les obligera à leur tour à se remettre en question (par exemple, à fusionner en 1934 pour le PO et le MIDI) comme avaient dû le faire, cent ans avant, les propriétaires de messageries sur route face au chemin de fer, un mode qui avait lui-même remis en cause l'organisation du transport de voyageurs en France.
Après cette crise suit une époque très difficile pour l'État, tenu de se préparer à un conflit souhaité par l'Allemagne et de mobiliser toutes ses ressources financières pour honorer les commandes de chars et d'avions. Pendant cette période, seul le chemin de fer permet aux Français d'effectuer quelques déplacements. Après la guerre, le vent tourne car la concurrence de l'automobile, de plus en plus performante, se fait plus dure, sans oublier celle de l'aviation civile commerciale naissante (Air France est fondée en 1933), très prometteuse en termes de voyages internationaux et qui "décollera" en 1960 lorsque seront totalement fiabilisés les avions de ligne à réaction (la Caravelle et le Boeing 707).
Lorsque l'on compare la carte des réseaux SNCF de 2021 avec celle de 1981, on ne peut s'empêcher de constater que le réseau à grande vitesse s'est peu à peu substitué aux dessertes classiques à 160 km/h de jour et à 140 km/h de nuit qui, pour ne citer que l'exemple de Paris-Austerlitz, ont quasiment été rayées de la carte.
Que ce serait-il passé sans le TGV ? L'aérotrain aurait-il pu percer ? Non, car, si beau et séduisant qu'il fût, il ressemblait trop au Concorde dans son esprit technique et commercial. Même voguant à 400 km/h, ce qui aurait permis d'effectuer le trajet Paris-Lyon en une heure, ce concentré de technologie futuriste serait resté un moyen de transport pour privilégiés. Chaque rame guidée ne pouvant transporter que le quart des voyageurs d'un TGV, il aurait fallu beaucoup investir dans le matériel, et le modèle économique aurait très vite dérivé, freinant grandement les ouvertures de lignes.
Le train Corail aurait-il pu faire revenir les clients dans le train sur la durée ? La réponse est également non, car, malgré ses voitures révolutionnaires pour l'époque, en remplacement des voitures de chemin de fer livrées dans les années 1930, et les services à bord – service restauration au Gril-Express et au Bar-Corail, plateaux-repas sur place, service bagages – tous disparus aujourd'hui, les temps de trajet (Bordeaux et Lyon en quatre heures, Biarritz en six heures, Nice en huit heures) seraient devenus rédhibitoires pour la clientèle. Faute de vitesse compétitive, le train aurait durement été concurrencé par l'avion et ses nombreuses compagnies à bas coût, ce qui aurait pulvérisé la SNCF et américanisé ses transports (avion, bus, voiture individuelle et quelques réseaux ferrés dans les grandes métropoles).
Grâce au TGV, c'est l'inverse qui s'est produit et si, aujourd'hui, les dirigeants de la SNCF peuvent croire au retour du train de nuit – ce qui serait magnifique car celui-ci est très regretté par la clientèle –, c'est qu'il reste un peu d'argent à investir et… des rails pour faire circuler les trains. Sans TGV et ses parcours obligés en ligne classique, beaucoup de lignes auraient vu leurs rails arrachés et très vite transformées en voies rapides ou en autoroutes.

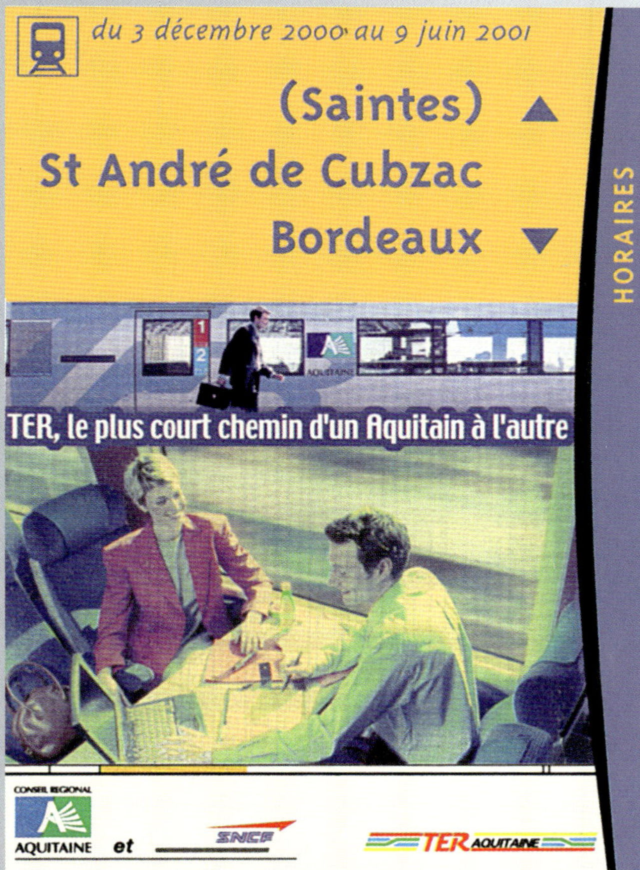

Libourne vers 1993. Comme partout en France, l'arrivée du TGV Atlantique permettra un important développement du transport régional en Aquitaine.
© Collection Didier Janssoone

Le TGV : une occasion perdue pour redresser le fret

Si le TGV a pleinement rempli le rôle voulu par les dirigeants des années 1970 – ramener les voyageurs vers un train qui était moribond malgré une offre ferroviaire pléthorique (tant en trains de jour qu'en trains de nuit) – il a malheureusement complètement raté son rendez-vous avec le transport des marchandises, alors qu'un “boulevard” s'offrait à lui.
Souvenons-nous… En 1972, alors que le prototype du TGV commençait à sillonner la France, c'est le trafic marchandises de la SNCF qui remplissait les caisses. Coïncidence, tout à commencé à s'effriter lentement, mais sûrement, dès 1981 au point de transformer aujourd'hui 90 % des installations ferroviaires (triages et voies de service des gares) dédiées au fret en friches industrielles.
Que s'est-il passé pour que ce type de trafic, pourtant très écologique, faisant diminuer les accidents de la route et pourvoyeur de nombreux emplois de cheminots, en vienne à s'effondrer ? Peu à peu, les coûts de production, parfois incompressibles, sont devenus trop lourds vis-à-vis de la concurrence.

Jusqu'à la percée hégémonique du camion des années 1980, véhicule de transport commode et souple imaginé en 1898 par Gottlieb Daimler, le train de desserte marchandises sillonnant les campagnes et desservant les multiples petites gares du réseau SNCF et du réseau secondaire pour livrer et ramasser les wagons est un mode de transport très prisé par les chargeurs au point d'atteindre son apogée en 1974, année où cent soixante-dix mille wagons de plus de quarante types différents seront en circulation sur le réseau.
Comme à la poste, deux grands services étaient proposés aux chargeurs : RO (régime ordinaire) et RA (régime accéléré). Outre ce type de trafic dit du “wagon isolé” à deux niveaux (RO destiné à la clientèle cherchant des bas coûts et RA destiné à la clientèle recherchant un acheminement rapide) passant par des triages, la SNCF mit au point une organisation spéciale, proposant l'acheminement par train complet direct de gare à gare, ainsi qu'un trafic spécialisé pour les primeurs.
Tout ceci nécessitait évidemment une organisation performante sans faille, mais la SNCF savait faire avec la GCTM (gestion centralisée du trafic marchandises) le tri automatique des wagons effectués dans des mégatriages comme HOURCADE (Bordeaux), SIBELIN (Lyon) ou WOIPPY (Metz).

Gare de Libourne vers 1993, la halle du SERNAM est encore bien visible. © Collection Didier Janssoone

La crise, puis les chocs pétroliers, sans oublier la concurrence de la route, vont lentement, mais inexorablement, faire décroître le trafic au point de le faire quasiment disparaître. Autre grand service également disparu avec le fret : le SERNAM (Service national des messageries) qui était le service de la SNCF chargé des colis trop volumineux pour être acheminés par la poste. Cent quatre-vingt-cinq centres d'exploitation étaient répartis sur tout le territoire et il suffisait d'apporter son colis à la gare ou de demander un passage à domicile.

La question qui se pose est : pourquoi le TGV fret n'a pas été lancé ou, tout du moins, testé sur certaines relations réputées rentables comme Rungis-Perpignan ? Cela restera pour toujours un mystère économique et une sacrée occasion manquée pour conserver de nombreux trafics nécessitant vitesse et efficacité. Résultat : les incantations écologiques sont inutiles et la part de marché du ferroviaire est aujourd'hui excessivement faible : 9,40 % contre… 88,30 % pour la route, les 2,30 % restants représentant le transport par voie fluviale ou maritime.

Transformée en lieu branché et rebaptisée Station F, la Halle marchandises Freyssinet située près de Paris-Austerlitz, fut jusqu'en 2006 un point d'entrée des trains de marchandises dans Paris. © Collection Didier Janssoone

Le TGV : une occasion manquée pour certaines villes

Autre occasion manquée pour certaines villes touristiques comme Biarritz, leur indifférence face à ce TGV qui aurait pu leur apporter touristes et recettes au pied des hôtels et des plages.
Biarritz, célèbre station balnéaire du Pays basque, est mondialement connue pour son climat, sa douceur de vivre, sa gastronomie, ses palaces et ses bains de mer, mais ce que l'on sait moins, c'est que Biarritz a longtemps été une des plus importantes villes ferroviaires de France puisque, de 1911 à 1953, elle possédait trois grandes gares : l'une exploitée par le chemin de fer du BAB (Bayonne-Biarritz par Anglet-Cinq-Cantons) et les deux autres exploitées par la Compagnie du Midi, puis la région du Sud-Ouest de la SNCF, Biarritz-la Négresse et Biarritz-Ville. Cette dernière, après modernisation, aurait pu recevoir et expédier, dès 1990, des TGV directs pour Paris-Montparnasse.
La gare de Biarritz-Ville, construite au cœur même de la cité (à cinq minutes de la Grande Plage et des principaux hôtels), permettait aux touristes (devenus "vacanciers" depuis 1936) de se rendre en ville à l'aide d'une correspondance ferroviaire en gare de Biarritz-la-Négresse ou même par des trains directs venant de Paris-Austerlitz et Toulouse. Cette gare, qui s'était plus difficilement imposée dans l'esprit des édiles de la Belle Époque, avait été mise en service le 22 février 1911 après de longues années de travaux. Baptisée Biarritz-Midi, puis Biarritz-Ville en 1927, lors de l'électrification de l'embranchement la reliant à celle qui sera rebaptisée pour l'occasion Biarritz-la-Négresse, cette gare fut conçue par l'architecte Adolphe Dervaux.
En 1934, lorsque la Compagnie du Midi fusionna avec la Compagnie du Paris-Orléans, on put affirmer que la gare de Biarritz-Ville était à l'apogée du modernisme ferroviaire : la presse spécialisée parlait de la plus belle gare de France.
Après l'apogée du transport ferroviaire vinrent la guerre et l'occupation allemande. En 1945, rien n'était plus comme avant. Une nouvelle ère du transport en commun vit le jour, entraînant la fermeture des tramways, le déclin du chemin de fer, la toute-puissance de l'automobile et le développement de l'aviation commerciale. Le BAB cessa toute activité le 1er juin 1953. La gare de Biarritz-Ville, condamnée pour diverses raisons, résista jusqu'en 1980, après avoir seulement vécu soixante-neuf ans... Son trafic auto-couchettes, très important en été, fut reporté sur le site de la Négresse.
À l'inverse de beaucoup de lignes ferroviaires, la durée de vie de l'antenne de Biarritz-la-Négresse à Biarritz-Ville aura donc été brève. La plus occidentale des antennes pyrénéennes, achevée tardivement, disparut prématurément du paysage ferroviaire français, le samedi 27 septembre 1980 à minuit, juste un an avant la mise en service commercial du tout premier TGV circulant entre Paris et Lyon... Aujourd'hui, seule la gare de Biarritz-la-Négresse, rebaptisée Biarritz en 1980, voit passer des TGV.

Que s'est-il passé pour que cette ville (contrairement à d'autres à bien plus faible potentiel de trafic) décide de tourner le dos au rail dès 1980 ? Manque de clairvoyance dans les développements futurs du TGV, très certainement ; amour de l'aviation, laquelle ne s'adressait pas à l'époque à la même clientèle, également ; envie de construire un nouveau quartier et de faire circuler des voitures sur les emprises du rail, bien plus sûrement.

La Poste et le TGV : le désamour

Que ce soit sur les quais ou dans les trains, postiers et cheminots se sont côtoyés dès les débuts de l'aventure ferroviaire.

L'organisation du trafic postal était concentrée sur les gares, grandes et moyennes, qui disposaient bien souvent d'un grand centre de tri postal ou d'un bureau des PTT alimentés par les TPA (Trains poste autonomes) ou les allèges postales incorporées dans les trains réguliers. Il existait des compartiments réservés aux postiers dans les voitures non pourvues de voiture postale, même dans les trains de banlieue…
Ce mariage dura jusqu'au début des années 2000, décennie où la poste renonça au rail, préférant les camions et les avions pour transporter le courrier et ne conservant que les TGV postaux circulant entre Paris-Charolais-Mâcon-Lyon et Cavaillon qu'elle avait acquis vraisemblablement sur instruction du ministère des PTT.
Devenu une société anonyme, elle s'en sépara, prétextant des coûts d'exploitation trop importants.

Les TGV Postaux manœuvrent à Paris-Gare-de-Lyon. © Collection RGCF/Recoura

Le prototype TGV 001 à Biarritz-Ville

Après une séance d'essais dans les Landes avec des pointes de vitesse à 250 km/h, le prototype du TGV vient, en 1972, rendre une petite visite de courtoisie à Biarritz, dix-huit ans avant que son descendant – le TGV Atlantique – ne desserve pour la première fois l'ancienne gare de Biarritz-la-Négresse, rebaptisée Biarritz, quand Biarritz-Ville ferma ses portes en 1980.

Dessiné par Jacques Cooper, le TGV 001 est un turbotrain expérimental conçu en étroite collaboration entre la SNCF et Alsthom, celui-ci fabriquant les motrices, les moteurs de traction, les blocs électriques et alternateurs, Brissonneau et Lotz, les voitures remorques et les alternateurs auxiliaires, MTE, les bogies, les blocs rhéostatiques et les blocs redresseurs et Turbomeca, les turbomoteurs et les réducteurs.

L'industrie ferroviaire française est ainsi une réalité et l'exaltante mission de moderniser le rail français, une puissante source de motivation pour les techniciens et les ingénieurs du rail qui travaillent alors sur quatre projets majeurs pour la SNCF : la voiture Corail, la Z2 (une automotrice apte à circuler à 160 km/h pour les omnibus de province), la BB 7200 pour tracter les rapides et express à 200 km/h et… le TGV.

Demain, l'ouverture à la concurrence ?

Conçu au XIXe siècle et grandement perfectionné durant tout le XXe, le chemin de fer et son digne représentant, le TGV, poursuivent leur développement depuis le passage au XXIe siècle, en intégrant toutes les avancées technologiques permises par l'ère où nous vivons aujourd'hui, l'ère numérique qui débuta en 1947 lors de la découverte de l'effet transistor en électronique appliquée.
Aucune société moderne ne pourrait aujourd'hui s'en passer, tant les services que le TGV rend – ou a pu rendre dans le passé – à une nation comme la France sont grands. Réussite technologique sans précédent, offrant aujourd'hui la possibilité de voyager quotidiennement à 300 km/h, le TGV a contribué à résoudre les problèmes spécifiques de déplacement de nombreuses générations.
Aujourd'hui, le TGV, c'est bien souvent un TGV Duplex, un Ouigo low cost ou un Eurostar. Les époques changent, le rail est aujourd'hui totalement ouvert à la concurrence et les LGV attendent les TGV des autres entreprises ferroviaires…

Comme dans les aéroports où transitent des Airbus aux multiples livrées, les TGV portent aujourd'hui les "couleurs" de multiples "marques à grande vitesse". © RGCF Recoura

AIRFRANCE KLM
BAGAGES EQUIPAGE

ANN

EXES

GLOSSAIRE
DES TERMES TECHNIQUES

AC : agent circulation

AD : appareil de dilatation

ADV : appareil de voie

BAL : block automatique lumineux

BAPR : block automatique à permissivité restreinte

BMCV : block manuel par circuit de voie

BML : bourreuse mécanique lourde

BMU : block manuel unifié

BMVU : block manuel de voie unique

BS : branchement simple

BV : bâtiment voyageurs

CAI : Centre appareillage intermédiaire

CBTC : Communication-Based Train Control

CCT : commande centralisée des trains

CdV : circuit de voie

CM : conduite manuelle

CMC : conduite manuelle contrôlée

COGC : Centre opérationnel de gestion des circulations

CPA : conduite en pilotage automatique

CT : cantonnement téléphonique

DA : destruction automatique

DAA : dispositif d'arrêt aval

DAAT : dispositif d'arrêt automatique des trains

DATIS : demande d'autorisation de travaux sur les installations de sécurité

DBC : détecteur de boîtes chaudes et de freins serrés

DCR : détecteur de chute de rochers

DCV : détecteur de chute de véhicule

DE : détecteur d'éboulements

DMT : destruction manuelle temporisée

EMU : électromécanique unifié

EP : embranchement particulier

EPSF : Établissement public de sécurité ferroviaire

ERTMS : European Rail Traffic Management System

ETCS : European Train Control System

FA : fermeture automatique

FU : fermeture d'urgence

GA : guidon d'arrêt

GSM-R : Global System for Mobile Communication-Railways

ICS : installation de contresens

ITCS : installation temporaire de contresens

IHM : interface homme-machine

IPCS : installation permanente de contresens

KVB : contrôle de vitesse par balises

KVBP : contrôle de vitesse par balises pour les prolongements

LGV : ligne à grande vitesse

MISTRAL : système de gestion des circulations informatique

MU : mécanique unifiée

P : poste

PCD : poste de commande à distance

PEI : poste à éléments d'itinéraires

PELI : poste électromécanique à leviers d'itinéraires

PML : poste à manettes libres

PN : passage à niveau

PRCI : poste tout relais à commande informatique

PRG : poste tout relais à câblage géographique

PRMI : poste tout relais à manettes d'itinéraires

PRS : poste tout relais à transit souple

REX : retour d'expérience

RFN : réseau ferré national

RST : radio sol-train

SAAT : système d'annonce automatique des trains

SAM : signal d'arrêt à main

SEI : système d'enclenchement intégré

STEM : surveillance des trains en marche

TCC : table de commande et de contrôle

TCO : tableau de contrôle optique

TCT : tronc commun temporaire

TJD : traversée jonction double

TJS : traversée jonction simple

TP : tracé permanent

V : voie

VAT : voyant d'appel téléphonique

VB : voie banalisée

VCC : verrou carter coussinet

VCM : verrou commutateur à manette

VP : voie principale

VS : voie de service

VU : voie unique

VUSS : voie unique à signalisation simplifiée

VUT : voie unique temporaire

VUTP : voie unique temporaire permanente

VUTR : voie unique à trafic restreint

ZAP : zone d'approche

ZDE : zone de déclenchement

ZEA : zone d'espacement automatique

ZAP : zone d'approche

ZEP : zone élémentaire de protection

GLOSSAIRE

Le transport ferroviaire, et le TGV en particulier, est un monde particulier avec son vocabulaire technique et souvent réglementaire. Pour vous aider à vous y retrouver, nous vous proposons un glossaire contenant les principaux termes utilisés dans cet ouvrage.

Aiguillage : appareil de voie permettant à un train de changer d'itinéraire (définition technique) et action de diriger les trains dans différentes directions (définition pratique d'un point de vue circulation ferroviaire).

Aiguilles conjuguées : aiguilles manœuvrées ensemble par le même levier. Il s'agit souvent de deux aiguilles établissant la communication entre deux voies parallèles.

Aiguille verrouillable : certaines aiguilles (généralement situées sur les voies principales) sont équipées d'un mécanisme de verrouillage autorisant le passage à grande vitesse lorsqu'elles sont prises en pointe – la pointe est appliquée au rail extérieur à l'aide d'une sorte de serre-joint à commande électrique ou mécanique. Ces aiguilles sont également équipées d'un contrôle électrique de collage des lames (contrôle dit impératif agissant sur le signal de protection et l'empêchant de s'ouvrir si la lame n'est pas correctement appliquée), ainsi que d'un système de réchauffage au gaz ou électrique pour permettre leur franchissement normal en cas de givre ou d'accumulation de neige.

Aile rouge du sémaphore : signal mécanique présenté sous la forme d'un bras de couleur rouge. Signal fermé, l'aile est étendue horizontalement ; signal ouvert, l'aile est inclinée à environ 45°.

AL : compagnie des chemins de fer d'Alsace et de Lorraine. Il existe de nombreuses installations de sécurité ex-AL encore en service.

Aliénation : condamnation d'un appareil d'interruption dans une position déterminée. Dans la pratique, cela consiste à en interdire la manœuvre par un dispositif approprié.

Appareil de voie : la notion d'appareil de voie regroupe les éléments de voie ferrée pouvant être commandés à distance depuis un poste d'aiguillage par un moteur électrique, une transmission rigide ou funiculaire, ou manuellement à pied d'œuvre à l'aide d'un levier implanté près de l'appareil. Ces éléments sont les aiguilles, branchements simples permettant de changer de voie, et les traversées-jonction obliques permettant à la fois croisement et changement de voie ; les verrous ou griffes (d'aiguille) permettant d'immobiliser les pointes d'aiguille afin d'autoriser leur franchissement à plus de 40 km/h ; les aiguilles dérailleuses et les taquets d'arrêt permettant de faire dérailler ou d'arrêter un mouvement partant en dérive vers une voie principale. Les appareils de voie, ce sont aussi les traversées ordinaires obliques ou à angle droit permettant à deux voies de se croiser, ainsi que tous les éléments nécessaires pour assembler un aiguillage et le faire fonctionner correctement (lames, cœur d'aiguille, contre-rail de croisement).

Appareil d'interruption : appareil permettant d'assurer une continuité électrique lorsqu'il est fermé et d'interrompre une continuité électrique lorsqu'il est ouvert.

ASE : agent sécurité électrique (agent E). Agent chargé dans un établissement (gare, dépôt…) de l'exploitation des caténaires secondaires.

Aubinage : fermeture automatique d'un signal mécanique ou lumineux au passage d'un train.

Aubine (pédale) : dispositif mécanique provoquant la fermeture d'un signal au passage d'un train.

Automoteur bimode : automoteur ayant la particularité d'être à la fois à traction thermique et électrique.

Automotrice : engin autonome électrique transportant des voyageurs (RER, TGV, mais aussi tramway ou métro). Une automotrice se suffit à elle-même car elle n'a pas besoin de locomotive pour la tracter. Une fois qu'elle est arrivée à destination, il suffit au conducteur de changer de cabine de conduite pour pouvoir repartir dans l'autre sens.

Autorail : automoteur thermique transportant des voyageurs ne pouvant circuler que sur une ligne non électrifiée.

Autorisation : opération par laquelle un poste A (dit "autorisant") autorise matériellement un poste B (dit "autorisé") à disposer les appareils de voie ou des signaux pour effectuer un mouvement en toute sécurité.

Autoroute ferroviaire : mode de transport combiné accompagné, encore désigné ferroutage. Ces "routes roulantes" acheminent des camions sur des trains et sur des axes dédiés entre la France, l'Espagne, la Suisse et le Luxembourg.

Avertissement : signal annonciateur d'un sémaphore ou d'un carré (mais aussi d'un butoir et d'un TIV de rappel 40 en voie unique).

BIAS : boucle inductive d'assistance au shuntage. Système électrique embarqué permettant d'améliorer l'aptitude au shuntage du matériel roulant.

Block : le procédé technique ferroviaire permettant d'assurer l'espacement des trains circulant sur la même voie et allant dans le même sens (l'un suivant l'autre) est dénommé block ou cantonnement dans la réglementation SNCF. Ces termes désignent les différents systèmes de sécurité permettant de maintenir en permanence une distance suffisante entre deux trains afin d'éviter une collision par rattrapage. Cet espacement doit être garanti en permanence sur l'ensemble des lignes du réseau, qu'elles soient à une seule voie ou à double voie, entre deux gares ou à la traversée de celles-ci. Techniquement, il existe deux types de blocks : le block automatique et le block manuel, qui peut être enclenché ou non enclenché.

Block automatique : le block automatique, innovation technique développée par les anciens réseaux comme l'ÉTAT, le MIDI ou le PO, a été perfectionné et standardisé par la SNCF. Aujourd'hui, il existe deux systèmes : le BAL et le BAPR qui sont des installations de sécurité ferroviaire éprouvées et constituées d'équipements électromécaniques (relais électromagnétiques), de composants d'électronique de puissance (circuits bouchons laissant passer le courant de traction, mais bloquant celui de la signalisation), ainsi que de cartes électroniques miniaturisées.

Block non enclenché : un block non enclenché est un block dans lequel il n'existe aucune relation entre les signaux de block (fixes ou à main) et les dispositifs de liaison entre les postes – c'est ce qu'on appelle le cantonnement téléphonique. Il assure la sécurité si les agents appliquent la réglementation du cantonnement à la lettre.

Block enclenché : dans ce système de block, un dispositif d'enclenchement est monté sur le sémaphore (mécanique ou lumineux) d'un poste afin qu'il reste en position de fermeture tant que le poste suivant n'a pas techniquement autorisé le déblocage de son organe de commande et sa remise à voie libre – c'est le principe du block manuel par appareils.

Block manuel : le block manuel désigne à la fois le block par appareils électriques (BMU et BMVU) ainsi que le cantonnement téléphonique (CT). Les deux nécessitent une intervention humaine, donc la présence de personnel qualifié dans les postes de cantonnement (les "gardes").

Bogie : chariot situé sous un véhicule ferroviaire (locomotive, wagon ou voiture), sur lequel sont fixés les essieux et les roues). Mobile par rapport au châssis du véhicule, il peut donc s'orienter convenablement dans les courbes.

Boulon de calage : système d'immobilisation d'une lame d'aiguille posé par l'aiguilleur.

Bourreuse : engin de travaux destiné à positionner la voie en compactant mécaniquement le ballast sous les traverses.

Canton : un canton est une partie de voie située entre deux signaux de block automatique ou entre deux sémaphores de block manuel, ces signaux mécaniques ou lumineux étant généralement implantés à la sortie des gares. Quel que soit le mode d'espacement des trains mis en œuvre (automatique ou manuel), une ligne est toujours découpée en cantons dont l'accès est protégé par un signal dont la fonction principale est d'arrêter et de retenir les trains en circulation lorsqu'un train est déjà engagé dans le canton (généralement un sémaphore, mais aussi un carré ou un signal d'arrêt à main, sauf sur les VUSS et les VUTR). La règle de sécurité fondamentale de base est qu'un canton ne doit être occupé que par un seul train (sauf si le type de block comme un BAL l'autorise).

Cantonnement téléphonique (CT) : c'est un système d'espacement rudimentaire qui ne nécessite qu'une liaison téléphonique entre les gares chargées d'espacer les trains. Dans celles-ci, les agents s'annoncent mutuellement les trains et se rendent voie libre téléphoniquement dès qu'ils constatent la libération du canton (comme en BM, mais aucun équipement électrique n'est prévu). Ce système n'est plus utilisé de nos jours, sauf au seul cas rarissime, et avec d'infinies précautions, où les équipements de block sont en panne.

CAPI : cantonnement assisté par informatique. Il assiste les agents sur les lignes à voie unique. Au lieu d'échanger les messages d'annonce et de reddition de voie libre par téléphone, ceux-ci sont composés à l'aide d'un clavier, vérifiés sur l'écran par l'agent et validés. Dès réception du message d'annonce, l'agent de l'autre gare vérifie que l'annonce est compatible avec les annonces qu'il a faites lui-même, puis il en accuse réception à la première gare qui, seulement à ce moment-là, peut expédier son train. Il en est de même pour les redditions de voie libre. Ce système est complété par une horloge qui indique d'office l'heure des messages et par une imprimante qui en garde la trace. En outre, un microprocesseur associé vérifie que les messages échangés sont compatibles avec les opérations exécutées antérieurement.

Catégorie A : certaines circulations légères sont susceptibles de provoquer des déshuntages brefs et intermittents. Des règles particulières sont à appliquer pour faire circuler cette catégorie d'engins, comme l'interdiction d'enregistrer un itinéraire (ou une autorisation) incompatible ou de sens contraire avec l'itinéraire établi pour une circulation de cette catégorie.

Catégorie B : certaines circulations comportant au moins un véhicule de grand empattement ne seront, à coup sûr, plus détectées pendant un court instant, le temps du passage du véhicule sur un circuit de voie court (zone isolée d'aiguille, zone courte de passage à niveau…), risque encore amplifié si la circulation venait à s'arrêter inopinément et libérer totalement la zone. Des règles particulières sont à appliquer pour faire circuler cette catégorie d'engins, comme l'interdiction de manœuvrer un appareil de voie sur l'itinéraire emprunté par la circulation de cette catégorie.

Catégorie C : certaines circulations légères sont susceptibles de provoquer des déshuntages prolongés (d'une durée supérieure à deux secondes, car en deçà, grâce à la temporisation nominale des circuits de voies, la détection reste assurée. Pour faire circuler cette catégorie d'engins, l'aiguilleur doit opérer comme si les enclenchements électriques liés aux circuits de voie (ainsi que les contrôles correspondants) n'existaient pas.

Caténaire : ensemble distribuant le courant aux circulations électriques par l'intermédiaire d'un ou plusieurs pantographes. Il comprend les fils de contact, les câbles porteurs, les feeders, les pendules ainsi que toutes les pièces intercalées entre ces éléments et les isolateurs séparant les parties sous tension des supports (ou les caténaires entre elles).

Circuit de voie : appareillage permettant de détecter la présence d'une circulation. Le circuit de voie comprend un émetteur et un récepteur dont la liaison électrique est assurée par les deux files de rails entre deux joints isolants. Cette liaison est interrompue par les essieux des trains. Il existe trois types de circuit de voie : le circuit de voie de gare (CdV ITE), le circuit de voie de ligne (CdV UM71) et le circuit de voie court (CdV SJB).

CdV ITE : circuit de voie à impulsion de tension élevée. Ce type de CdV est majoritairement utilisé dans les gares. Il utilise des joints isolants (JI) pour séparer les zones.

CdV UM71 : circuit de voie universel modulé, mis au point en 1971. Ce type de CdV est majoritairement utilisé en ligne, entre les gares. Il utilise des joints électriques de séparation (JES) pour séparer les zones. Contrairement aux joints isolants (JI), les JES, constitués de filtres fréquentiels, ne nécessitent pas d'insérer un isolant dans le rail et permettent de souder les coupons de rail sans générer de discontinuité mécanique.

CdV SJB : circuit de voie "court" sans joint sur boucle destiné à créer une zone de courte longueur surimposée (ou superposée) à une zone UM71 de plus grande longueur. Ce type de CdV est majoritairement utilisé pour faire fonctionner les passages à niveau automatiques.

Circuit à vide : circuit sans débit appréciable de courant électrique.

Circuit de retour du courant de traction : ensemble de circuits électriques (rails de roulement, connexions électriques…) permettant le retour du courant de traction aux sous-stations.

Circuit en charge : circuit dans lequel s'opère un débit de courant électrique.

Circulation électrique : toute circulation ferroviaire comportant au moins un pantographe (automotrice, automoteur bimode, locomotive électrique, locomotive thermique avec une machine électrique en véhicule, wagon graisseur de caténaire…) constitue une circulation électrique, sauf assurance que le (ou les pantographes) resteront baissés.

Circulation intéressée : une circulation (train) est dite "intéressée" lorsque la possibilité de rendre voie libre à l'aide du block manuel par appareils dépend techniquement du passage effectif de celle-ci en un point précis (attesté électriquement par l'appui sur une pédale de voie).

Cisaillement : on dit qu'il y a cisaillement lorsque l'itinéraire d'un train coupe celui d'un autre train. Pour assurer la sécurité et éviter une collision, le premier doit attendre le passage du second.

Cocarde : signal présentant une forme (ronde ou carrée posée sur pointe…) et une couleur codifiée au mécanicien pour lui donner un ordre de ralentissement ou d'arrêt. À l'ouverture, la cocarde s'efface par rotation.

Commutateur : appareil d'interruption, manœuvrable seulement à vide, permettant d'alimenter une caténaire soit à partir de sa source habituelle, soit à partir d'une source de secours. Ce genre d'appareil ne possédant pas de position neutre ne permet cependant pas d'isoler un circuit.

Compensateur : dispositif absorbant les variations de longueur des transmissions funiculaires pouvant s'allonger ou se rétracter sous l'effet de la chaleur ou du gel.

Compteur d'essieux : un compteur d'essieux est un dispositif servant à détecter la présence d'une circulation sur un canton, par comptage des essieux qui franchissent les détecteurs encadrant ce canton. Solution plus économique que le circuit de voie, il ne permet pas la détection de la rupture d'un rail. Un canton est équipé de compteurs d'essieux à chacune de ses extrémités. Ainsi, lorsqu'un train entre dans celui-ci, le nombre d'essieux du train est enregistré et le canton est considéré comme occupé jusqu'à ce que le même nombre d'essieux l'ait quitté. Si le nombre d'essieux comptabilisés en sortie du canton est inférieur ou supérieur à celui des essieux entrants, le canton reste considéré comme occupé et le signal le protégeant reste au rouge. Le compteur d'essieux est plus intéressant techniquement qu'un circuit de voie car la longueur d'un canton n'est pas limitée. Il est donc particulièrement adapté aux lignes à faible trafic, généralement découpées en cantons longs (et dont la surface de roulement des rails est plus sujette à oxydation, et donc au déshuntage).

Consignation C : ensemble des mesures prises par le RSS ou l'agent E pour :

- Interdire toute réalimentation accidentelle par pontage au passage d'un pantographe, en mettant en œuvre les mesures de protection C définies dans la CB (consigne bleue) ;
- Séparer cet élément de toute source d'alimentation par l'ouverture ou le maintien dans une position imposée des appareils d'interruption désignés dans la CB ;
- Empêcher toute manœuvre intempestive des appareils désignés dans la CB en les condamnant dans leur position d'ouverture.

Continuité d'avertissement : quand un signal d'arrêt fermé est annoncé par un signal d'avertissement, ce principe interdit de présenter dans l'intervalle qui les sépare un signal moins impératif que l'avertissement.

Continuité du block : technique donnant l'assurance qu'un train est toujours protégé par, au moins, un signal d'arrêt. En block manuel, elle impose de ne rendre voie libre derrière un train qu'après l'avoir protégé par les signaux.

Contrôle continu de vitesse : le contrôle est réalisé en tout point de la ligne. Il peut se faire en paliers (vitesse à respecter identique sur toute la longueur d'un canton) ou en suivant une courbe parabolique (suivi de la vitesse permettant d'atteindre la vitesse but, block section en anglais).

Contrôle de vitesse à distance but : les équipements au sol transmettent aux trains vitesse but et distance but. Le "bord" calcule la courbe de contrôle indépendamment des longueurs des cantons.

Contrôle de vitesse cantonné : quand la distance de freinage est supérieure à la longueur des cantons, le contrôle de vitesse est découpé selon les cantons. Les longueurs des cantons doivent être compatibles avec les performances de freinage des trains. Le contrôle de vitesse peut se faire par paliers (par exemple, TVM300) ou selon une courbe parabolique (par exemple, TVM430).

Contrôle de vitesse ponctuel : le contrôle de la vitesse est réalisé en des points discrets.

Contrôleur d'aiguille : boîtier électrique monté sur les aiguilles servant à vérifier le collage parfait des lames. Des contacts s'ouvrent ou se ferment, et permettent l'ouverture ou non des signaux de protection.

Convergence : la convergence désigne le fait, pour deux trains, de se diriger vers le même point ou la même voie.

Courbe d'alerte : courbe de déclenchement d'une alerte optique et/ou acoustique précédant la courbe de contrôle pour avertir le conducteur de l'imminence d'un conflit avec le contrôle de vitesse.

Courbe de contrôle de vitesse : courbe continue de la vitesse en fonction de l'espace parcouru que le train ne doit pas dépasser pour garantir la sécurité. En cas de dépassement, le freinage d'urgence du train, ainsi que la coupure de l'effort de traction, est déclenché.

Crocodile : pièce métallique sur laquelle vient frotter une "brosse" destinée à la répétition des signaux en cabine.

CSS : central sous-station. Poste à partir duquel le RSS assure la télécommande des sous-stations, des postes de traction électrique, de certains appareils d'interruption et exploite les installations de traction électrique.

Défaut d'isolement électrique : l'expression désigne le risque de réalimentation intempestive d'un circuit par un courant parasite, pouvant entrainer un dérangement de la signalisation, voire un dérangement contraire à la sécurité.

Désaliénation : action de supprimer l'interdiction de manœuvre d'un appareil d'interruption (décondamnation).

Destruction : action consistant à supprimer la commande d'un itinéraire (par exemple, en PRS).

Détonateur : appareil dont les cartouches explosent quand un signal d'arrêt absolu est franchi par la première roue d'une circulation, de manière à attirer l'attention du conducteur et lui commander l'arrêt immédiat.

Disjoncteur : appareil d'interruption manœuvrable à vide ou en charge, destiné à ouvrir ou à fermer un circuit et capable de s'ouvrir automatiquement en cas de défaut.

Dispositif d'urgence : appareil de commande permettant d'obtenir, en cas de danger, la suppression de la tension d'alimentation par l'ouverture d'un disjoncteur ou d'un interrupteur alimentant des caténaires secondaires.

Distance réglementaire (d'arrêt ou de freinage) : distance à laquelle il faut implanter un signal d'avertissement annonçant un signal d'exécution fermé pour en garantir le respect. Cette distance dépend des caractéristiques de la ligne, de la vitesse des trains et de leur capacité de freinage.

Double traction : attelage de deux engins moteurs destiné à renforcer l'effort de traction. Un conducteur par engin est nécessaire, le premier donnant les ordres de freinage ou d'accélération au second par radio.

Embranchement particulier : voie ferrée privée appartenant à un industriel, une entreprise ou une coopérative agricole, sur laquelle on forme des trains entiers de wagons spécialisés adaptés au transport des marchandises produites ou stockées par ces entreprises (automobiles, boissons, céréales, produits chimiques…).

Espacement : distance de sécurité entre deux trains. Deux techniques d'espacement ont été successivement utilisées pour espacer les trains : l'espacement par le temps et l'espacement par la distance.

Espacement par le temps : on maintient en permanence un intervalle de temps entre deux trains circulant l'un derrière l'autre sur la même voie.

Espacement par la distance : on maintient en permanence une distance de sécurité entre deux trains circulant l'un derrière l'autre sur la même voie.

Établissement PL : un établissement "pleine ligne" (installation de pleine voie, point d'arrêt géré ou non géré) n'est pas "majeur" du point de vue de la circulation des trains. Les appareils de voie y donnant accès depuis les voies principales ne peuvent être manœuvrés que lors d'une desserte prévue à l'avance, validée par le régulateur et autorisée techniquement par l'agent circulation de la gare la plus proche ouverte à la sécurité. Une fois à l'arrêt au niveau de l'EP, l'agent de desserte applique une "consigne de desserte" donnant le mode d'emploi pour y accéder (fermeture de signaux et manœuvre d'aiguilles) et devient chef de manœuvre. Ces dispositions réglementaires donnent l'assurance que la voie principale ne sera pas engagée en un point intermédiaire à l'insu des gares.

Feeder d'alimentation : câble électrique reliant une sous-station ou un poste de traction électrique à la caténaire (ou à une herse d'alimentation). C'est une sorte de "rallonge" électrique.

Fugitif : se dit d'un enclenchement, d'un contrôle, lorsqu'il n'assure son rôle que dans un moment précis, comme la sonnerie du contrôle d'entrebâillement lors de la manœuvre d'une aiguille, ou d'un dérangement lorsqu'il disparait de lui-même sans intervention du service électrique, dans le cas d'une zone qui passe plusieurs fois du blanc au rouge et du rouge au blanc, en dehors de tout passage de train.

Herse d'alimentation : installation comportant plusieurs appareils d'interruption groupés sur plusieurs supports réunis.

Garde : agent chargé du cantonnement. Un garde est en liaison téléphonique permanente avec les gardes des postes encadrants.

Gare : établissement ouvert à la sécurité.

Impasse de sécurité : partie de voie se terminant par un heurtoir généralement situé à la fin d'un faisceau de voies de service et reliée aux voies principales par deux aiguilles conjuguées dont la mise en position de protection évite qu'une manœuvre vienne les engager accidentellement.

Indicateur de direction : signal groupé avec le signal de protection d'une bifurcation, il permet au conducteur de s'assurer qu'il est bien dirigé vers la bonne direction géographique.

Installation annexe électrique : installation telle que réchauffage d'aiguilles, préconditionnement, alimentation de station radio, alimentée par l'intermédiaire des caténaires, mais ne faisant pas partie des installations de traction électrique dont elle est séparée par un appareil d'interruption ou un transformateur.

Installations en campagne : aiguilles et signaux éloignés d'un poste d'aiguillage commandés depuis celui-ci (par fil, transmission rigide, moteur ou transmetteur de clé).

Interception : il y a interception lorsqu'une voie ou une ligne est interdite momentanément (dans le cas de travaux sur la voie) à la circulation.

Interopérable : un train interopérable est un train pouvant circuler sur n'importe quelle ligne européenne.

Interrupteur : appareil d'interruption manœuvrable à vide ou en charge, destiné à ouvrir ou fermer volontairement un circuit.

Interruption du block : dans certaines grandes gares de passage ou en cul-de-sac – sont également concernées les gares de transition double voie/voie unique ou les bifurcations –, le block manuel doit être interrompu afin de permettre la reddition de voie libre dès l'arrivée des trains ou dès qu'une circulation est engagée sur une des directions données par la bifurcation. Dans ce cas, on dira qu'il y a discontinuité du block (ou qu'il n'est pas continu).

Intervalle : partie de voie délimitée par des signaux commandés par des zones de postes différents.

IPCS : installation permanente de contresens. Installation de signalisation permettant, en double voie, de faire circuler sur une seule voie des trains de sens inverse au sens normal, la sécurité étant assurée par les installations.

IS : installation de sécurité. Ce terme regroupe tout l'équipement nécessaire pour le bon fonctionnement d'un poste d'aiguillage et de la signalisation.

Itinéraire : parcours prévu à la consigne rose du poste permettant à une circulation d'aller d'un point A vers un point B.

Jalon d'arrêt : signal d'arrêt à main (damier rouge et blanc).

Ligne à une voie banalisée : ligne à une seule voie dont la commande des installations est centralisée et sur laquelle un "enclenchement de sens", fonctionnant à l'aide de circuits de voie ou de compteurs d'essieux, s'oppose à l'expédition de deux trains de sens contraire. L'espacement des trains de même sens est, quant à lui, assuré par le block automatique.

Lignes classiques : lignes ferroviaires mises en service avant les LGV.

LPV : limitation permanente de vitesse. La vitesse limite à ne pas dépasser est indiquée sur des pancartes ou des tableaux lumineux.

LTV : limitation temporaire de vitesse. La vitesse limite à ne pas dépasser est indiquée sur des signaux provisoires de chantier mis en place lorsque les travaux en cours nécessitent de réduire la vitesse des trains.

Manœuvre et calage d'un signal mécanique : dispositif qui, en plus de la commande proprement dite du signal, assure son immobilisation aux deux extrémités de sa course afin de contrecarrer les effets du vent.

Marche à vue : après arrêt devant un sémaphore de BAL, l'obligation de marcher à vue impose au conducteur de s'avancer avec prudence et de régler sa vitesse, compte tenu de la partie de voie libre qu'il aperçoit devant lui (sans dépasser 30 km/h), de manière à pouvoir s'arrêter avant une queue de train, un carré ou un obstacle (objet métallique ayant shunté le circuit de voie, rail cassé...).

Marche en manœuvre : l'obligation de marcher en manœuvre impose au conducteur de s'avancer avec prudence (sans dépasser 30 km/h) en se tenant prêt à obéir aux signaux qu'il pourrait rencontrer (jalon d'arrêt) ou qui pourraient lui être faits (par un agent sédentaire).

Marche prudente : seule marche non imposée par la signalisation, mais prescrite par un agent sédentaire au moyen d'un ordre écrit. L'obligation de marcher avec prudence impose au conducteur de franchir une partie de voie délimitée (de fait, entre deux points facilement repérables sur le terrain, surtout de nuit) en réduisant sa vitesse, compte tenu du motif qui lui a été indiqué.

Marche sur l'erre : se dit d'un train qui, ne tractionnant plus, n'avance que grâce à la vitesse acquise.

Moment d'un passage à niveau : produit du nombre de trains et du nombre de véhicules routiers franchissant un passage à niveau.

Œilleton de franchissement : en signalisation lumineuse, il permet d'éliminer tout risque de confusion entre un signal carré (non franchissable) et un sémaphore (franchissable sous conditions) lorsque la lampe d'un des deux feux rouges du carré est grillée ou que le panneau est éteint.

Parcours : trajet, constitué de parties de voie protégées et d'appareils de voie correctement disposés et enclenchés, qui est emprunté par une circulation pour qu'elle puisse se rende d'un point A vers un point B. Si ce parcours est prévu à la consigne rose, on parlera alors d'itinéraire.

Pédale : détecteur ponctuel de passage d'une circulation (détecteur de roue). Ces détecteurs peuvent être électromécaniques ou électroniques.

Pédale électromécanique : mini-boîtier de bras extérieurs actionnés par la roue et comprenant un circuit hydraulique d'amortissement de ces bras et d'un circuit électrique.

Pédale électronique : ce système comprend un capteur magnétique sensible à la masse métallique de la roue et un centre de traitement qui délivre une information à un relais.

PN à SAL : passage à niveau à signalisation automatique lumineuse, équipé de deux ou quatre demi-barrières, ou encore de deux barrières fermant totalement la chaussée.

PN à SAL "FC" : passage à niveau à signalisation automatique lumineuse et sonore à "fermeture conditionnelle".

Point : lieu où peuvent être regroupées des IS (commutateurs, leviers, transmetteurs de clé...).

Position de protection (d'une aiguille) : position à donner à une aiguille pour qu'elle s'oppose à toute intrusion accidentelle d'un véhicule sur un itinéraire ou un parcours préparé pour effectuer un mouvement.

Poste de cantonnement : lieu (pas forcément une gare ni un poste d'aiguillage) où prennent place les gardes chargés d'espacer les trains en manœuvrant les signaux de cantonnement.

Poste de traction électrique : local fermé, enclos ou support regroupant des appareils d'interruption.

Poste RVa : poste de block manuel de double voie autorisé à rendre voie libre dès l'arrivée d'un train.

Profil en long : caractéristiques topographiques d'une ligne de chemin de fer.

Programmateur d'itinéraires : le programmateur d'itinéraires permet d'établir à l'avance un certain nombre d'itinéraires qui seront formés par le poste dès que la possibilité apparaîtra.

Protection C : ensemble des mesures interdisant aux circulations électriques l'accès des voies situées sous un élément de caténaire consigné, le but étant d'empêcher que les pantographes de ces circulations ne réalimentent cet élément par pontage d'un sectionnement.

Raté (d'ouverture d'un signal, de formation d'itinéraire) : terme d'exploitation ferroviaire signifiant que l'action désirée ne s'est pas produite.

Reddition : opération de cantonnement qui consiste à "rendre la voie" au poste précédent ou recevoir "voie libre" du poste suivant.

Régime d'exploitation : ensemble des règles d'exploitation prévues pour organiser et assurer le trafic en fonction des installations équipant une section de ligne. Les principaux régimes d'exploitation sont : la voie unique, la voie banalisée et la double voie.

Régulateur : agent chargé d'organiser et de contrôler la circulation des trains sur certaines lignes dites "régulées" et d'exécuter ou faire exécuter certaines opérations de sécurité.

Reprise de gardiennage : opération qui consiste à envoyer un agent de maintenance reprendre le gardiennage manuel d'un PN automatique en dérangement.

RSS : régulateur sous-station. Agent d'exploitation d'un central sous-station chargé de l'exploitation des installations de traction électrique de sa zone d'action

Scrubber : semelle s'appliquant sur la table de roulement des roues dépourvues de semelles de frein, dans le but d'améliorer l'aptitude au shuntage du matériel roulant. Ces semelles n'ont pas de fonction de freinage.

Secteur : ensemble des installations alimentées normalement par un ou plusieurs disjoncteurs.

Section commutable : partie de caténaire pouvant être alimentée sous des tensions différentes.

Section de séparation : parties de caténaire comportant, à chaque extrémité, un sectionnement destiné à éviter le pontage par les pantographes d'une circulation des caténaires situées de part et d'autre de cette section.

Section élémentaire : plus petit élément de caténaire pouvant être isolé des éléments encadrants par un ou plusieurs appareils d'interruption.

Section neutre : une section neutre est constituée par un élément de caténaire privé de tension d'alimentation, non consigné et séparé électriquement des éléments de caténaire encadrants. Elle est désignée “section neutre de protection” lorsqu'elle est créée pour empêcher qu'une continuité électrique s'établisse entre deux éléments de caténaire contigus lors du passage d'un pantographe. Si on décide d'en créer une pour un besoin particulier, elle sera désignée comme SNOP (section neutre occasionnelle de protection).

Sectionnement : dispositif assurant la séparation de la caténaire entre deux éléments voisins pouvant être isolés électriquement l'un de l'autre. Ce dispositif (sectionnement à lame d'air ou isolateur de section) permet le passage du pantographe.

Sectionneur : appareil d'interruption destiné à ouvrir ou fermer volontairement un circuit. Cet appareil ne peut être ouvert qu'à vide, c'est-à-dire en l'absence de tout captage d'énergie par pantographe ou installation annexe (une installation de préchauffage des rames, par exemple).

Sectionneur à talon de mise au rail : sectionneur reliant, dans sa position d'ouverture, la caténaire privée de tension au circuit de retour du courant de traction.

Serrure agencée : serrure portée par un levier (ou un taquet), pouvant permettre de l'immobiliser dans l'une ou l'autre de ses positions. Seule la possession de la clé ou des clés correspondantes pourra permettre d'en modifier la position. Les clés permettent donc de réaliser un enclenchement entre deux ou plusieurs appareils.

Serrure centrale : serrure qui regroupe les clés des signaux et d'aiguilles d'une gare pour établir les enclenchements entre signaux et appareils de voie. Dans les gares de voie unique, un tel système (ancien, mais perfectionné) permet d'éviter les allées et venues des agents.

Signal fermé : présentation effective du signal le plus restrictif pouvant être présenté sur le panneau lumineux ou le groupement mécanique (carré – sémaphore de BM dans le cas d'un signal de cantonnement –, disque …).

Signal fixe : signal ne présentant en permanence qu'une seule indication.

Signal mobile : signal pouvant présenter au moins deux indications.

Signal ouvert : présentation d'un signal moins restrictif (pas nécessairement le feu vert de la voie libre).

Signaux combinés : pratique de signalisation consistant, de nuit, à supprimer les indications superflues présentées par les groupements de signaux mécaniques.

Signaux groupés : signaux différents groupés en un même point.

Sillon : marche théorique d'un train définie pour être compatible avec les autres circulations et lui permettre de “faire l'heure”.

SNST : système normalisé de suivi des trains. Équipement permettant de localiser l'évolution d'un train sur une ligne *via* la détection de son passage sur des dispositifs de localisation installés en voie.

Sous-secteur : certaines sections élémentaires ou groupes de sections élémentaires faisant partie d'un même secteur et pouvant être isolés par un ou plusieurs interrupteurs constituent un sous-secteur.

Sous-station : installations transformant le courant haute tension pour lui donner les caractéristiques compatibles à l'alimentation des installations de traction électrique.

Taquet d'arrêt : dispositif placé sur une voie de service s'opposant au passage d'une roue afin d'interdire l'accès à une autre voie (principale ou de circulation).

Terminus : gare (ou installation telle qu'un P) où se termine le parcours d'un train.

TIDD : tableau indicateur de direction à distance. Ce signal est implanté à proximité d'une bifurcation importante donnant accès à deux lignes. Abordé à vitesse élevée, il permet au conducteur d'avoir la certitude qu'il sera dirigé dans la bonne direction. L'utilité pratique de ce signal étant, qu'en cas d'erreur manifeste, celui-ci puisse avoir le temps matériel, compte tenu de la distance de freinage nécessaire, de s'arrêter avant le signal de protection de l'aiguille de bifurcation, permettant ainsi aux aiguilleurs de tracer le bon itinéraire.

Tiroir : voie en impasse.

TPL : bouton Tournez-Poussez-Lumineux disposé sur le TCO pour télécommander les appareils d'alimentation situés en sous-station ou dans les postes de traction.

Train : tout engin moteur remorquant ou non des véhicules suivant une marche tracée ou indéterminée (voire une marche “spéciale” comme les trains de travaux).

Train automoteur : train composé d'éléments automoteurs (automotrices électriques ou autorails avec leurs remorques).

Transmetteur de clé : appareillage électromécanique comprenant un émetteur et un récepteur, qui évite le transport physique d'une clé. La clé emprisonnée dans le récepteur est libérée quand une clé identique est insérée dans l'émetteur.

Transit rigide : il s'agit d'un enclenchement de sécurité empêchant l'aiguilleur de préparer le passage d'un nouveau mouvement, tant que l'itinéraire parcouru par le mouvement incompatible précédent n'est pas entièrement libéré.

Transit souple : le transit souple a été utilisé en 1934 pour la première fois sur le réseau de l'État. Contrairement au transit rigide, il s'agit d'un enclenchement mixte – de sécurité et de "productivité" – permettant à l'aiguilleur de préparer le passage d'un nouveau mouvement sans attendre la libération complète de l'itinéraire parcouru par mouvement incompatible précédent. Les zones "restituent" les aiguilles du parcours au fur et mesure de leur libération

Traversée-jonction (simple ou double) : appareil de voie permettant à la fois l'aiguillage et le croisement. Cet appareil permet de réaliser des itinéraires de circulation multiples dans un espace très réduit.

TVM : transmission voie-machine. C'est le système français de signalisation en cabine de conduite mis en œuvre sur les LGV avant l'apparition de l'ERTMS. L'information issue de la signalisation est transmise aux trains *via* le signal du CdV, codé par excursions de fréquence. Un capteur placé sous le train capte le signal qui, après décodage par un ordinateur de bord, fournit au conducteur les consignes de vitesse. Il existe trois systèmes de TVM : la TVM 300, la TVM 430 et la TVM 430 SEI (système d'enclenchement intégré).

UM : unité multiple. Couplage de deux engins moteurs ou de deux automotrices dont la conduite est assurée par un seul conducteur placé dans la cabine de tête. Les efforts d'accélération et de freinage des deux engins seront simultanés, les "instructions" étant transmises au second à l'aide d'un câblage spécifique (locomotives) ou *via* l'attelage automatique (RER et TGV).

VA : veille automatique. Le système de veille automatique ou "pédale de l'homme mort" sert à arrêter le train en cas de malaise ou d'endormissement du conducteur.

Voie banalisée : on dit qu'une voie (en gare ou en ligne) est banalisée lorsque l'on peut y circuler dans les deux sens, sans contrainte d'exploitation ni de mise en œuvre préalable de procédures de sécurité particulières. Ce genre de voie nécessite l'implantation d'une signalisation automatique adaptée et très performante (dans les grandes gares, les voies sont banalisées afin de pouvoir simultanément recevoir et expédier les trains).

Voie principale : voie sur laquelle circulent les trains.

Voie de service : les voies de service (VS) sont normalement affectées aux circulations ne transportant pas de voyageurs. La vitesse y est limitée à 30 km/h, car les aiguilles ne sont ni immobilisées par verrou ni munies de contrôleurs de position des lames, et la marche en manœuvre y est imposée car des véhicules peuvent y stationner. Les équipements de sécurité y sont souvent réduits : les voies ne sont pas zonées et la signalisation (hormis les signaux d'arrêt à main) y est souvent sommaire (signal de groupe pour les voies convergentes), voire inexistante.

VU : voie unique sur laquelle les règlements S4 A (relatif à l'exploitation d'une VU) et S5 (relatif au cantonnement téléphonique ou au BMVU) s'appliquent. Attention, lorsqu'une voie unique est équipée du block automatique, elle devient une ligne à une voie banalisée.

VUSS : voie unique à signalisation simplifiée. Sur ces lignes, les signaux de cantonnement n'existent pas. Le texte réglementaire qui s'applique est l'Annexe 1 au règlement S4A qui impose un arrêt dans toutes les gares, que le canton suivant soit occupé ou non. Ce type de lignes a quasiment disparu du paysage ferroviaire français.

VUT : voie unique temporaire. Régime temporaire et très exceptionnel d'exploitation permettant, en double voie, de faire circuler sur une seule voie des trains de sens inverse au sens normal. La sécurité est alors assurée par des opérateurs appliquant une réglementation spéciale.

VUTR : voie unique à trafic restreint. Sur ces lignes fermées à tout trafic voyageur, les gares ont été fermées et les signaux déposés. Leur exploitation épisodique repose sur un "chef de ligne" qui autorise la circulation d'un seul train à la fois.

Zone de poste : zone constituée d'appareils de voie et de signaux matérialisés par un plan technique.

LE RÉSEAU DES LGV

1981 : LGV Saint-Florentin - Sathonay-Camp (1er tronçon de la LGV Paris-Lyon inauguré le 22 mai 1981)

1983 : LGV Combs-la-Ville - Saint-Florentin (2e tronçon de la LGV Paris-Lyon inauguré le 25 avril 1983)

1989 : LGV Paris Montparnasse - Courtalain - Connerré - Le Mans (branche Ouest de la LGV Atlantique)

1990 : LGV Courtalain - Saint-Pierre-des-Corps - Monts (branche Sud-Ouest de la LGV Atlantique)

1992 : LGV Rhône-Alpes (contournement Est de Lyon de Montanay à Saint-Quentin-Fallavier

1993 : LGV Paris Nord - Lille-Flandres inaugurée le 18 mai 1993

1993 : LGV Lille-Europe - Calais-Fréthun (LGV Nord vers le Tunnel sous la Manche inauguré le 26 septembre 1993)

1994 : LGV Rhône-Alpes (section Sud Lyon-Saint-Exupéry TGV - Valence)

1994 : LGV Interconnexion (contournement Est de Paris-Vémars - triangle de Coubert)

1997 : LGV Lille-Flandres - Frontière belge (vers Bruxelles) inaugurée le 10 décembre 1997

2001 : LGV Méditerranée Valence TGV - Marseille-Saint-Charles/Nîmes (avec bifurcation à l'Ouest d'Avignon)

2007 : LGV Vaires-sur-Marne - Baudrecourt (1er tronçon de la LGV Paris-Strasbourg, inauguré le 15 mars 2007)

2010 : LGV Perpignan-Espagne

2011 : LGV Villers-les-Pots - Petit-Croix (1er tronçon de la LGV Rhin-Rhône mise en service le 11 décembre 2011

2016 : LGV Baudrecourt - Vendenheim (2e tronçon de la LGV Paris-Strasbourg)

2017 : LGV Bretagne - Pays de la Loire (2e tronçon de la LGV Paris-Nantes/Rennes)

2017 : LGV Sud-Europe Tours - Bordeaux (2e tronçon de la LGV Paris-Bordeaux)

BIBLIOGRAPHIE

POUR ALLER PLUS LOIN SUR LE TGV ET LE CHEMIN DE FER

Il existe trois revues techniques de référence qui vous permettront d'approfondir non seulement vos connaissances sur le TGV, mais aussi sur le transport ferroviaire en général et l'exploitation technique, logistique et commerciale du chemin de fer, en particulier (sur abonnement seulement) :

***RGCF* (Revue générale des chemins de fer) :** créée en 1878, elle a pour objectif de publier des travaux originaux, de haut niveau scientifique et technique, ainsi que des informations nationales et internationales intéressant le monde des transports guidés. Les articles scientifiques et techniques sont écrits par des professionnels issus des entreprises de transport ou de construction de matériel ferroviaire. Ils sont complétés par du contenu en relation directe avec l'actualité, rédigé par des experts collaborant avec la revue.

***Chemins de fer* :** l'Association française des amis des chemins de fer (AFAC) publie cette revue bimestrielle, dans laquelle les meilleurs spécialistes abordent les thèmes les plus divers du monde ferroviaire.

***Chemins de fer régionaux et tramways* :** la Fédération des amis des chemins de fer secondaires (FACS) publie cette revue bimestrielle, dans laquelle les meilleurs spécialistes présentent des études historiques et techniques, ainsi que toute l'actualité concernant les chemins de fer touristiques (la Rhune, par exemple), secondaires (les Chemins de fer de la Provence, par exemple), urbains (tramways, métros, etc.) et industriels en France, en Europe et dans le monde.

La littérature ferroviaire est une matière très fournie. Vous trouverez ici une courte liste d'ouvrages qui vous permettront de développer vos connaissances techniques concernant l'exploitation des réseaux de chemin de fer, les systèmes de sécurité ainsi que sur la signalisation (mécanique et lumineuse).

Ouvrages sur l'exploitation technique des chemins de fer

Exploitation technique des chemins de fer, F. Maison, Librairie polytechnique Ch. Béranger, 1932

Cours de chemins de fer (partie 5) : *Exploitation technique*, J. Tuja, Eyrolles, 1936

L'Exploitation technique des chemins de fer : L'organisation du transport, J. Tuja, Eyrolles, 1946

L'Exploitation technique du chemin de fer : La sécurité du transport, A. Lemonnier, Eyrolles, 1945-1960

Les Aiguilleurs, rois de l'exploitation ferroviaire, D. Janssoone, La Vie du Rail, 2017

L'Exploitation ferroviaire, des compagnies à la SNCF, D. Janssoone, La Vie du Rail, 2018

Cours d'exploitation technique des chemins de fer (tome 1) : *technologie et systèmes de sécurité ferroviaire*, D. Janssoone, La Vie du Rail, 2021

Ouvrages sur l'évolution des systèmes de sécurité

Applications de l'électricité aux chemins de fer, F. Rodary, Veuve Ch. Dunod, 1886

Signalisation et automatismes ferroviaires (3 tomes), W. Schön, G. Larraufie, G. Moëns et J. Poré, IRSE/La Vie du Rail, 2014

Ouvrages sur la signalisation ferroviaire lumineuse et mécanique

Étude sur les signaux de chemins de fer à double voie, E. Brame, Dunod, 1867

Étude sur les signaux de chemins de fer français, E. Brame et L. Aguillon, Dunod, 1883

La Signalisation ferroviaire, R. Retiveau, Presse de l'École nationale des ponts et chaussées, 1987

Histoire de la signalisation ferroviaire française, A. Gernigon, La Vie du Rail, 1999

Signaux mécaniques (tome 1) : *Généralités postes d'aiguillage*, Réseau Nord, D. Wurmser, Presses et Éditions ferroviaires, 2007.

Signaux mécaniques (tome 2) : *Réseaux Ouest-État et P.-Midi*, D. Wurmser, Presses et Éditions ferroviaires, 2008

Signaux mécaniques (tome 3) : *Réseaux Est, AL et ceintures de Paris*, D. Wurmser, Presses et Éditions ferroviaires, 2008

Signaux mécaniques (tome 4) : *Réseaux PLM, SNCF, secondaires et Métropolitain de Paris*, D. Wurmser, Presses et Éditions ferroviaires, 2011

Signalisation et sécurité de l'exploitation ferroviaire, des compagnies à la SNCF, D. Janssoone, La Vie du Rail, 2019

La Signalisation ferroviaire, D. Janssoone, Presse de l'École nationale des Ponts et Chaussées, 2021

Ouvrages sur le transport ferroviaire

Le Transport ferroviaire (2e édition), D. Janssoone, C. Errouqui et J. Brunet, Le Génie Éditeur, 2020

Ouvrages sur l'histoire des chemins de fer et du métro

La Grande Histoire du train, D. Janssoone, 2016, Magasin pittoresque, 2016

L'Histoire du métro parisien pour les nuls, D. Janssoone et A. Mignard, First, 2017

Le Métropolitain, D. Janssoone et J.-P. Rigouard, E-T-A-I, 2018

Chemin de fer et cheminots d'antan, D. Janssoone, La Vie du Rail, 2021

REPÈRES CHRONOLOGIQUES

Retrouvez très rapidement l'année (ou la date) des grands événements liés au TGV, mais aussi la genèse de toute la "grande vitesse ferroviaire" et des techniques commerciales qui l'ont accompagnée.

1920 : L'État décide que les électrifications se feront par caténaires aériennes.

1922 : Création de l'UIC.

1923 : La firme ferroviaire Faiveley met au point le pantographe ; introduction de la soudure dans les chemins de fer.

1931 : Le 1er janvier, mise en circulation de l'autorail Renault à deux essieux et à bandages métalliques ; le 10 septembre : la "micheline", autorail à bandages pneumatiques, atteint 107 km/h sur la ligne Paris-Deauville.

1932 : Le PLM met en service les premières locomotives Diesel électriques de manœuvre ; débuts des travaux en vue du passage des signaux au code Verlant.

1933 : Le 27 juillet, mise en service du banc d'essai de Vitry-sur-Seine (PO) ; le 30 juillet, mise en service du TAR (train automoteur rapide) à essence Bugatti sur Paris-Deauville.

1934 : Fusion des réseaux du PO et du MIDI.

1935 : Le 12 janvier, record mondial de vitesse de l'autorail Bugatti sur la ligne Paris à Strasbourg à la vitesse moyenne de 130 km/h ; premiers essais du chauffage des voitures par air pulsé.

1937 : Exposition internationale de 1937 à Paris ; mise en service par le PLM de la première locomotive Diesel électrique à grande vitesse (4 000 ch) ; électrification Paris-Le Mans.

1938 : Le 1er janvier, la SNCF assure la direction des chemins de fer français divisés en cinq régions (Est, Nord, Ouest, Sud-Ouest et Sud-Est).

1940 : Réduction du plan de transport "voyageurs" ; opérations de défense passive dans les gares ; combats de mai-juin et armistice avec l'Allemagne.

1945 : Fin de la Seconde Guerre mondiale.

1948 : Création de l'ORE (Office de recherche et d'essais) par l'UIC.

1949 : Première CCC (commande centralisée des circulations) sur Blaisy-Bas - Dijon ; premier PRA (poste tout relais à destruction automatique des itinéraires et à transit souple) en gare des Laumes-Alésia ; premier poste à paracombinateur mis en service à Darnétal ; pose des quinze premiers kilomètres de voies équipées en "barres de grande longueur" (barres de 72 mètres obtenues par soudage bout à bout de quatre rails de 18 mètres).

1954 : Généralisation des LRS (longs rails soudés) de 288 mètres.

1955 : Nouvelle palette de tarifs commerciaux pour fidéliser une clientèle tentée par l'avion (la première Caravelle vient d'être testée en vol et semble promise à une longue carrière) ou l'automobile (la DS commence à être commercialisée et se donne pour but de succéder à la légendaire Traction) ; le 21 février, la CC 7121 bat le record du monde de vitesse sur rail en étant chronométrée à 243 km/h ; le 28 mars, la CC 7107 pulvérise ce record... mais n'atteint que 280 hm/h ; le 29 mars, la BB 9004 établit officiellement un nouveau record du monde de vitesse sur rail en atteignant la vitesse de 331 km/h ; le 1er mai, tentative réussie d'un nouveau record d'endurance avec une locomotive électrique de série – la CC 7147 parcourt, sans révision, 438 000 km pendant sept mois et six jours, entre Paris et Lyon.

1956 : Mise en service des nouvelles voitures à air conditionné sur le Mistral ; création du service fer-air Paris-Londres Flèche d'Argent.

1957 : Lancement, dans les gares et dans la presse, du slogan publicitaire : "100 villes à plus de 100 de moyenne" ; fondation du groupement TEE (Trans Europ Express) permettant l'exploitation commune d'un ensemble de relations internationales rapides, assurées avec un matériel de luxe. Les dix premiers TEE sont mis en service à partir du 2 juin ; le Mistral roule à 150 km/h entre Paris et Lyon.

1966 : Création du service de recherche de la SNCF et lancement du projet C03 dans le plus grand secret (le TGV) ; essai du premier ETG (élément automoteur à turbine à gaz) ; essais des prototypes de voiture-restaurant libre-service Gril-Express.

1967 : en avril, première circulation d'un ETG en service commercial entre Paris-Saint- Lazare, Caen et Cherbourg (le début du service de l'ensemble du parc de dix rames a lieu le 27 septembre) ; première circulation à 200 km/h en service commercial (section Les Aubrais - Vierzon) du train Le Capitole qui parcourt ainsi les 713 kilomètres de la liaison Paris-Toulouse en six heures à la vitesse commerciale moyenne de 119 km/h (le parcours inaugural aura lieu le 28 mai).

1969 : La direction de la Recherche publie une pré-étude concernant le Train Auto Jour à Très Grande Vitesse ; le 11 juillet, la direction de la Recherche de la SNCF publie une pré-étude concernant le Train à Très Grande Vitesse et commande deux rames prototypes de TGV (seul le TGV 001 sera livré).

1970 : Le 1er mars, création de la carte Vermeil offrant une réduction de 30 % aux personnes âgées (soixante ans pour les femmes et soixante-cinq ans pour les hommes) ; mise en service des voitures-restaurant libre-service Gril-Express dont les prototypes avaient été testés en 1966 ; premier service commercial par turbotrain type ETG sur la ligne Paris-Caen.

1971 : Premier train de messageries apte à circuler à 140 km/h, le Roussillon-Express entre Perpignan et Rungis ; Le 23 mai, mise en service du TEE Aquitaine entre Paris-Austerlitz et Bordeaux-Saint-Jean. Ce train détenait le record d'Europe en vitesse moyenne commerciale (145 km/h).

1972 : Sortie d'usine du prototype à turbine à gaz TGV 001.

1974 : Première étape "test" de mise en service de la réservation électronique des places qui sera généralisée à partir d'avril ; début mai, la SNCF lance la voiture Corail climatisée à couloir central de 1re et 2e classes, autorisée à 160 km/h.

1975 : Accessibles sans supplément, les premiers trains Corail circulent entre Paris-Austerlitz et Bordeaux-Saint-Jean ; mise en place du calendrier "tricolore" pour nuancer la tarification appliquée au transport des automobiles accompagnées.

1976 : Le 12 février, la SNCF commande quatre-vingt-sept rames de TGV à la firme Alsthom.

1977 : Généralisation des trains Corail.

1978 : Le 4 septembre, un décret approuve la convention État-SNCF concernant la construction d'une ligne nouvelle entre Paris et Lyon ; livraison du TGV 001 de présérie.

1979 : Le 1er septembre, création des tarifs promotionnels Couple, Famille, Séjour, Vermeil 50 et mise au point du "calendrier 50" précisant les périodes creuses (en bleu), de pointe (en blanc) et de super-pointe (en rouge) pour l'application des réductions tarifaires de 50 % ; après des essais conduits depuis 1976, la SNCF lance le service JVS (jeunes voyageant seuls).

1980 : Le 1er juin, mise en service de la traction électrique entre Bordeaux et Montauban (un des derniers grands projets de la Compagnie du Midi trouve enfin son aboutissement) ; en septembre, le Montaigne, circulant entre Paris et Bordeaux, devient le premier train circulant à 200 km/h à être accessible aux voyageurs de 2e classe, moyennant le paiement d'un supplément.

1981 : Le 27 septembre, mise en service du premier tronçon de la LGV Sud-Est autorisée à 260 km/h entre Saint-Florentin et Sathonay, en banlieue Lyonnaise. Lyon-Brotteaux est à deux heures quarante de Paris-Gare-de-Lyon.

1982 : Le 1er juin, création de la carte Jeune offrant 50 % de réduction aux jeunes de douze à vingt-cinq ans (plus une couchette gratuite) pour tout voyage commencé en période bleue (du 1er juin au 30 septembre).

1983 : Le 25 septembre, mise en service du second tronçon de la LGV Sud-Est entre Combs-la-Ville et Saint-Florentin ; le 15 décembre, création du Carré jeune offrant en permanence 50 % de réduction en période bleue et 20 % en période blanche.

1984 : Premier TGV "province-province" entre Lille et Lyon.

1985 : 1er CSS (central sous-station) informatisé mis en service lors de l'électrification des sections de ligne Lyon-Grenoble et Saint-André-le-Gaz – Chambéry ; disparition de la répétition sonore de "voie libre" dans les cabines de conduite.

1986 : Mise en circulation du TGV province-province entre Rouen et Lyon.

1987 : Création de la carte Kiwi ; les premiers trains de marchandises circulant à 160 km/h sont mis en service entre Lille, Avignon et Marseille ; mise en œuvre du contrôle de vitesse par balises (KVB) sur Paris-Le Havre ; mise en œuvre d'une procédure informatique pour informer les mécaniciens sur les modifications de la signalisation qu'ils sont susceptibles de rencontrer (application FLASH).

1989 : Le 24 septembre, mise en service de la branche Ouest du TGV Atlantique ; création de la RESA 300 ; le KVB est généralisé ; généralisation de FLASH (édition informatique des fiches lignes et des avis de service hebdomadaires pour l'information sécurité des conducteurs).

1990 : Le 30 septembre, mise en service de la branche Sud-Ouest du TGV Atlantique ; la SNCF se dote de billets à bande magnétique pour permettre la vente de billets à l'international. Le format aérien s'impose alors comme norme standard en Europe.

1991 : Directive européenne 91/440 relative aux chemins de fer communautaires instaurant la séparation entre la partie "transporteur ferroviaire" et la partie "gestionnaire d'infrastructure" de la SNCF permettant d'ouvrir le réseau à la concurrence ; le 1er mai : création de la carte Carrissimo.

1992 : La SNCF, Transporteur national officiel des XVIe jeux Olympiques d'hiver d'Albertville ; mise en service partielle de la LGV Rhône-Alpes (Sathonay - Lyon-Satolas) pour desservir les sites olympiques.

1993 : Le 23 mai, mise en service de la LGV Nord entre Paris et Arras ; le 26 septembre, mise en service de la LGV Nord en totalité.

1994 : Mise en service du barreau d'interconnexion TGV à l'Est de Paris et de la LGV Rhône-Alpes (Lyon-Satolas - Valence) ; le 6 mai, mise en exploitation du service Eurostar.

1996 : Livraison du 1er TGV Duplex.

1997 : Création de RFF, propriétaire des infrastructures ferroviaires françaises. La SNCF en devient la gestionnaire ; le 1er juin, création de la carte 12-25.

1998 : Livraison de nouveaux TER ; suppression du service des bagages accompagnés ; création du PIVOS (poste informatique de voies de service).

2001 : La LGV Sud-Est est "autorisée" à 300 km/h ; le nouveau poste d'aiguillage de Marseille-Saint-Charles (de type MISTRAL) est mis en service ; le 10 juin, mise en service de la LGV Méditerranée entre Valence, Marseille et Manduel, près de Nîmes ; adaptation des règles de numérotation des trains.

2007 : Le 10 juin, mise en service de la première section de la LGV Est-Européenne (Paris-Nancy/Metz).

2014 : Livraison des Régio 2N TER dernier cri ; un piano pour réviser ses gammes et son solfège, la toute dernière idée de la SNCF… qui semble séduire la clientèle des gares, en attendant le WiFi dans les trains, autre innovation sur les rails !

2016 : Nouvelles bornes libre-service plus lisibles, plus ergonomiques et beaucoup plus commodes à utiliser.

CRÉDITS PHOTOGRAPHIQUES

Les cartes postales anciennes et semi-modernes, photos et documents reproduits dans cet ouvrage proviennent (sauf mention particulière) de la collection de l'auteur.

Les images suivantes proviennent de Getty Images : pages 10-11, 28-29, 38-39, 54-55, 72-73, 100-101, 114-115, 144.

Et les suivantes d'Adobe Stock : pages 62-63, 78-79, 88-89.

REMERCIEMENTS

L'auteur tient à remercier toute l'équipe des éditions E-T-A-I pour le soin apporté à la réalisation de cet ouvrage, notamment Oriane Gambatesa pour le suivi méticuleux du projet, Marie Ringeard pour ses talents de maquettiste et Lise Chantelauze pour sa confiance. Il remercie également Stéphanie Consigny de la RGCF pour son aide précieuse en matière de recherche iconographique, ainsi que Messieurs Antoni, Barreau, Recoura et Rigouard pour leur participation à l'illustration de l'ouvrage.

DU MÊME AUTEUR

Aux éditions E-T-A-I
Gares d'autrefois, 2014.
Les métiers du rail, 2015.
Le métropolitain (en collaboration avec J.-P. Rigouard), 2018.

Nous découvrons le vaste plan de voie de la gare de Lyon-Part-Dieu née avec le TGV. © Getty Images